이런 과학 수업은 처음이야

그림책과 함께하는 주제별 과학 활동

이런 과학 수업은 처음이야

최정아 · 이상준 지음

학교
도서관
저널

그림책과 과학의 만남

저는 일명 과알못입니다. 과학을 알지도 못하는 사람. 그런데 덜컥 6학년 과학 전담 수업을 맡게 되어 눈앞이 캄캄해졌습니다. 차시마다 가르쳐야 하는 내용과 개념을 공부하며, 관련 영상도 찾고 재미있는 실험도 준비했지만 허전함이 남았습니다. 그저 개념만 익히고 실험만 하는 과학 시간이 아닌, 삶과 긴밀히 관련된 과학의 이야기를 나누고 싶다는 생각 때문이었습니다. '어떻게 하면 깊이 있는 과학 수업을 할 수 있을까. 어떻게 하면 아이들에게 과학 지식 너머의 이야기도 나눌 수 있을까.' 10년이 넘도록 아이들과 그림책 수업을 해오던 터라 그림책만큼 아이들에게 삶의 이야기를 나누기 좋은 매개는 없다는 것을 잘 알고 있었기에 과학과 그림책을 엮어야겠다는 생각이 들더군요.

혹자는 과학 시간에 웬 문학 그림책이냐고 의아해할 수 있습니다만, 사실 과학과 인문학은 늘 함께입니다. 다양한 과학 그림책을 읽으며 아이들은 여러 질문을 던지곤 합니다. "하늘은 왜 파란색일까?" "구름은 어떻게 만들어질까?" "사람은 왜 태어날까?" 재미있는 건 아이가 던진 작은 질문에도 과학과 철학이 함께 녹아 있다는 것입니다. 인간의 탄생 과정을 과학적으로 설명할 수도 있고, 사람이 세상에 존재해야 하는 이유에 관한 철학적인 답을 내릴 수도 있으니까요. 아이들에게는 같은 현상을 과학과 철학, 즉 과학과 인문학의 시각으로 함께 생각해보는 것이 중요합니다. 그래야만 과학적 개념과 지식만 채우는 사람이 아닌, 인간의 근본적인 문제를 해결할 수 있는 과학적 능력을 지닌 사람으로 자라날 수 있을 테니까요. 과학과 인문학이, 과학 수업과 그림책이 함께여야 하는 이유가 바로 이것이죠.

첫 시간, 아이들에게 그런 생각을 이야기하자 모두 의아해하며 눈이 동그래집니다. 왜 그림책을 읽느냐, 너무 엉뚱하다, 과학 지식이 담긴 그림책을 읽어주는 거냐 등의 질문이 쏟아집니다. 그런 질문들을 뚫고 저는 인문학의 대표 저서 『정의란 무엇인가』를 인용해 아이들에게 물었습니다.

"시속 100Km로 선로를 달리는 멈출 수 없는 기차. 오른쪽은 단 한 사람이 일을 하고, 왼쪽은 다섯 명의 사람이 일을 하고 있어요. 어디로 가든 누군가는 죽어야 하는 상황. 여러분은 어떤 선택을 할 건가요?"

갑자기 아이들이 숙연해집니다. 쉽게 선택할 수 있는 상황이 아니니까요. 어디로 방향을 틀던 누군가는 반드시 죽어야 하잖아요. 그때 어디선가 작은 목소리가 들려옵니다. "그래도 숫자가 적은 쪽으로 방향 전환을 하는 게 낫지 않을까요." 그런 아이들에게 조건을 하나 더 붙입니다. 다섯 명은 직업이 없는 노숙자로 사회에 큰 기여도가 없는 사람들이고, 한 사람은 이 나라를 대표하는 대통령이라면? 혹은 다섯 명은 작고 여린 아이들이고, 한 명은 연세가 많은 노인이라면? 아니, 우리 부모님 중 한 분이라면?

아이들은 아무런 선택도 하지 못한 채 고민만 하고 있습니다. 양측의 입장을 살피며 수만 가지 생각을 이어나가고 있겠지요. 무거운 고민을 안고 있는 아이들에게, 사실 이 질문에는 정답이 없다고 말해줍니다. 자신만의 가치로 최선의 선택을 하는 것이 답일 뿐이라고, 그렇기에 그 단단한 가치를 지니는 것이 가장 중요한 일이라고 말이지요. 그것이 바로 인문학이고, 우리가 앞으로 그림책을 통해 이야기 나눌 것이라고요.

그림책과 과학을 연계하고 나니 낯설고 엉뚱할 것만 같던 과학 수업은 전혀 엉뚱하지 않은 과학 수업이 되었습니다. 아이들은 수업을 통해 자신을 바로 세우고, 친구와의 관계도 돌아보고, 이웃과 환경까지 살폈습니다. 그렇게 교과 수업의 흐름 속에 별책부록처럼 스며든 그림책 과학 수업은 아이들이 반기고 기다리는 수업이 되었고, 모두에게 따뜻한 위로를 건넸습니다.

과학 꿈나무들의 멋진 미래를 기원하며,
최정아, 이상준 드림

차례

여는 글 그림책과 과학의 만남   4

지구와 우주	달빛의 온도 시선을 달리하면 따뜻한 세상이 보여_『달 가루』	13
	너의 계절 완벽하지 않기에 봄도 오는 거야_『엄마의 계절』	23

생명	변하지 않는 사실 자아존중감으로 단단한 나를 만들어_『민들레는 민들레』	35
	존중의 거리 서로를 위한 건강한 거리를 찾아_『적당한 거리』	43
	다시 숨 쉴 수 있을까 우리는 모두 자연의 일부야_『양철곰』	51

운동과 에너지	힘의 원리 스트레스를 벗어나 잠시 쉬어가도 좋아_『슈퍼맨과 중력』	63
	빛나는 그림자 휘어지고 꺾이는 삶도 아름다워_『빛을 비추면』	73
	최고의 에너지 행복에너지로 너를 채워봐_『에너지 충전』	81
물질	마법 같은 변화의 순간 성장과 변화를 겪을 너를 응원해_『앗, 바뀌었어』	93
	빛나는 가치와 선택 단단한 가치로 내면을 채워가_『나는 연기다』	103
과학과 사회	어둠의 빛 아동에게도 누려야 할 인권이 있어_『야광 시계의 비밀』	115
	붉은 진실 동물도 소중한 생명이야_『붉은신』	125

지구와 우주

지구와 우주 1

달빛의 온도

『달 가루』
(이명하 글·그림,
웅진주니어, 2022)

달 토끼 설화를 현대적으로 재해석한 그림책으로, 달 토끼의 일상에 따른 달의 위상 변화를 재미있게 연결해 보여준다. 비록 달은 차갑지만, 열심히 모아둔 달 가루가 흩뿌려져 누군가에게 따뜻한 행복으로 가닿는 모습을 통해 나눔의 가치를 배울 수 있다.

"달빛에도 온도가 있을까요?"

"사람들이 힘든 하루를 보내고 돌아오는 길에 달빛을 보며 위로를 받기도 하잖아. 그러니 실제로도 달이 따뜻한 온도를 지니고 있었으면 좋겠어."

"어쩌죠. 달빛에는 온도가 없어요. 하지만 실망하진 마세요. 온도가 없다고 해서 차가운 건 아니에요. 색온도로 본다면 달빛은 햇빛보다 더 따뜻하니까요. 시선만 조금 바꾸면 얼마든지 따뜻함을 되찾을 수 있다고 달빛이 일러주는 것 같아요."

아들과 함께 초승달이 뜬 밤거리를 함께 걷고 있을 때였습니다. 밤하늘을 보며 달빛에 대한 이야기를 나누었지요. 아들은 초승달과 그믐달을 구분하는 방법도 알려주었습니다. 왼손을 오른쪽으로 기울였을 때 보이는 엄지손톱의 흰색 달 모양이 초승달🌙이고, 반대로 오른손 엄지손톱을 왼쪽으로 기울였을 때 보이는 모양은 그믐달🌘이라고요. 구분 방식이 쉽고 간단해 신기하기도 했지만, 밤 산책을 하며 관찰할 수 있는 달은 대부분 초승달이기에 밤하늘에 직접 손가락을 대볼 일은 딱히 없었습니다. 그믐달은 새벽녘 해가 뜨기 직전에야 볼 수 있으니까요. 하지만 보름달이든 초승달이든, 그저 까만 밤하늘에 떠 있는 달만 보아도 괜히 따스함이 밀려옵니다. 과학적으로는 차가운 온도를 가진 달빛이라지만, 이따금 팍팍한 삶에 따스한 위로가 되어주는 그 노오란 달빛의 이야기를 아이들과도 나누고 싶습니다.

『달 가루』는 달의 위상 변화를 재미있는 상상으로 그려낸 그림책으로, 지구와 달의 운동을 배울 때 함께 읽으면 좋습니다. 책을 읽기 전, 아이들에게 책 속에 등장하는 의성어를 들려주고 어떤 장면일지 추측해보라고 합니다.

"띠띠띠띠, 띠띠띠띠. 삐빅. 턱, 부스럭, 촤락, 덜컹, 사각사각, 치카치카."

어떤 장면이 연상되시나요? 힌트를 드리자면, 무언가를 분주히 준비하는 달 토끼의 아침을 담은 소리입니다.

달 토끼는 로봇 '로보'와 함께 달을 파러 출발합니다. 달 토끼가 곡괭이를 열심히 휘두르면 로보가 가루를 바구니에 모으죠. 열심히 일한 달 토끼 덕분에 달의 모양은 하루하루 달라집니다. 그렇게 딱 보름이 걸려 달은 그믐달 모양을 갖추게 되지요. "이번에도 15일" 걸렸다는 토끼의 말은 달의 위상이 변하는 주기를 자연스럽게 알게 해줍니다. 달 토끼는 캐낸 달 조각을 모았다가 다시 심습니다. 골고루 간격을 맞춰 심으면 달 새싹이 자라나 달을 메워 보름달이 됩니다. 참 재미있는 상상이지요?

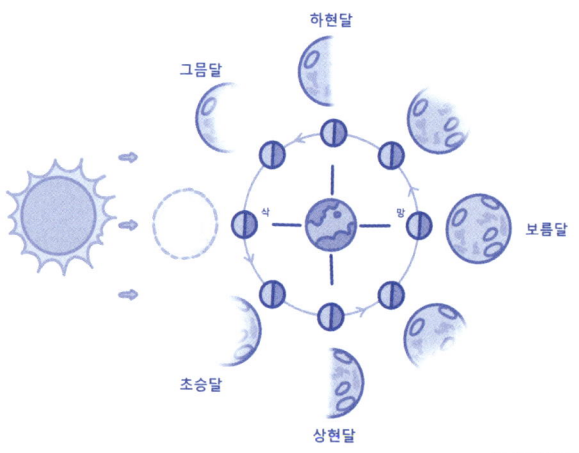

달의 위상 변화

하지만 이것은 동화적 상상일 뿐입니다. 사실 달의 모양은 커지지도, 작아지지도 않고 늘 그대로이기 때문입니다. 달의 공전으로 인해 우리에게 보이는 달의 모습이 달라진 것이므로, 달의 모양 변화가 아닌 달의 위상 변화가 정확한 표현이기도 하지요.

"얘들아, 그림책에서 달 토끼의 곡괭이질 때문에 달이 그믐달이 되었다가, 다시 달 조각을 심자 보름달이 되잖아. 이 과정에서 발견한 재미있는 사실이 있니? 그림을 자세히 봐 봐."

"달 토끼가 깡깡깡 곡괭이질을 해서 만든 건 그믐달인데요, 쑥쑥쑥 다시 싹이 자라 달이 메워질 때는 초승달 모양에서부터 시작돼요."

"진짜네. 살짝 바뀌어 있어요."

"언제 이렇게 바뀐 걸까? 그사이 무슨 일이 있었던 것 같은데?"

"열심히 달 가루를 빻은 달 토끼가 곰벌레와 티격태격하는 사이에 그믐달이 초승달로 변했나봐요."

맞습니다. 흥미로운 동화적 상상 안에 과학적 사실이 숨어 있었습니다. 달 토끼는 둥근 보름달의 오른쪽 면에서 달을 깡깡 파내려가더니 그믐달 모양을 만듭니다. 잘 말린 달 가루를 심을 때는 방향이 바뀐 초승달 모양을 하고 있지요. 그러더니 싹이 자라는 방향으로 다시 오른쪽에서 왼쪽 방향으로 점점 넓게 차오르며 보름달이 됩니다. 달이 한쪽 방향으로 공전하며 모습이 바뀌어 보이는 것을 정확히 그려낸 장면이었습니다.

아이들은 과학 시간에 배운 내용들을 떠올리며 분석하듯 책을 읽다가도 다시 즐거운 이야기로 빠져듭니다. 드디어 아이들과 함께 보고 싶은 마지막 장면에 다다랐습니다. 달 가루가 뾰족한 초승달 끝에서 뿌려지는, 화면 가득 알갱이가 몽글몽글 흩어지는 그 장면에서 아이들은 탄성을 내지릅니다.

"얘들아, 누가 이 달 가루를 맞으면 좋겠니?"
"어린아이들이요."
"우리 엄마요."
"아니요. 저요, 저."

아이들은 그림책에서 달 가루를 맞으며 환하게 웃는 사람들을 보고 자신의 주위 사람을 떠올립니다. 그래서 달 가루를 맞으면 어떤 기분일지도 물었더니 '따뜻할 것 같다' '신날 것 같다' '행복할 것 같다'라는 답이 돌아왔습니다. 역시 달이 주는 따스함과 행복을 아이들도 함께 느끼고 있었습니다.

모든 빛은 전달됨으로써 비로소 의미를 가집니다. 우리는 모든 빛을 인식하는 것이 아니라, 우리 눈으로 전달된 것만 비로소 인식할 수 있거든요. 아이들의 마음이 빛을 낼 때 다른 사람에게 향하는 것이 얼마나 의미 있는 일이 되는지 알려주고 싶었습니다. 그런 예쁜 빛을 담은 달 가루를 이웃에게 선물하는 시간을 가져보면서요. 달 가루가 어떤 사람들에게 도움을 줄 수 있을지 간단한 그림으로 표현해봅니다. 준비물은 A4 사이즈 도화지, 색연필, 사인펜, 풀, 노란색 색종이로, 달 가루는 노란색 색종이를 찢은 뒤 풀로 붙여 표현합니다.

유기견에게 따뜻한 빛이 되어주고 싶어요.

집에 새는 비를 막고 따뜻함을 주고 싶어요.

아이들의 시선이 달 가루처럼 세상 곳곳에 전달되어 많은 사람과 함께 웃을 수 있기를 바랍니다. 그런 경험이 쌓이고 쌓이다 보면 고개를 들어 주변을 살피고 이웃을 돌아보는 따듯하고 넓은 시각을 갖게 될 테니까요. 그렇게 더불어 살아갈 수 있는 사람으로 한 걸음 더 나아가는 겁니다.

◆ 함께 질문을 나눠요

*주제: 천체

과학 질문	- 달의 모양은 왜 변할까? - 낮에도 달이 뜰 수 있을까? - 달은 매일 밤 같은 시각에 뜨고 질까?
가치 질문	- 달 가루를 누구에게 선물하고 싶니? - 달 가루를 너를 위해 사용한다면 어떻게 사용할 거니?

조금 더 나누고 싶은 이야기

밤하늘을 올려다보면 노란 달빛이 따뜻함을 전해줍니다. 하지만 달은 스스로 빛을 내는 천체가 아닙니다. 달빛은 달 표면이 햇빛의 일부를 반사해서 생기기 때문에 직접적으로 열에너지를 방출하는 햇빛과 달리 따뜻한 온도가 있는 것이 아니지요. 우주적인 관점에서 보면 달빛은 오히려 차가운 빛이라고도 할 수 있습니다.

하지만 달은 온도와는 별개로 우리의 감성을 자극하고 따뜻함을 안겨줍니다. 바로 색이 가진 힘 때문입니다. 색온도라는 새로운 시선으로 본다면 더 이상 달빛은 차갑지 않으니까요.

색온도는 광원의 색을 절대 온도를 이용해 정량적으로 표현한 개념입니다. 빛의 실제 온도를 재는 것이 아닌 그 빛의 색을 온도로 표현하는 것이지요. 낮은 색온도에서 우리는 더 포근하고 따뜻한 느낌을 받게 됩니다. 달의 샛노란 빛은 약 4000K로, 5500K인 햇빛보다 낮아 시각적으로 더 따뜻한 느낌을 주지요.

하늘을 많이 올려다본 사람이라면 흐린 날의 달빛이 특히 더 노랗게 보인다는 것을 알고 있을 겁니다. 이는 하늘이 흐릴 때 지구의 대기가 빛을 더욱 산란시키면서

푸른 빛을 흡수하기 때문이죠. 눈이나 비가 오는 축축한 날, 그리고 흐린 날일수록 달은 더 따뜻한 빛으로 우리를 비춰줍니다.

그런 달빛이 우리에게 이야기해주는 것 같습니다. 때로는 차갑고 냉혹하고 외로운 날도 있지만, 그렇다고 해서 우리가 삶에서 따뜻함을 느끼지 못할 이유는 없다고요. 우리가 삶의 온도를 올릴 수 없다고 해서, 우리 삶의 노란빛을 포기할 이유가 없으니까요. 흐린 날 더 노랗게 물드는 달처럼 추위 속에서 더욱 빛나는 따뜻함은 분명히 있습니다.

우리에게 필요한 건 우리 삶의 색온도와 우리 삶의 달가루라고 생각해요. 세상이 차갑더라도 서로의 색온도가 따스함은 잊지 않기를, 그리고 차가운 우리 인생에 달가루가 내려주기를 바랍니다.

지구와 우주 2

너 의 계 절

『엄마의 계절』
(최승훈 글·그림, 이야기꽃, 2021)

사계절 동안 변하는 시골 풍경과 그 속에서 살아가는 사람들의 일상을 사실적이고 세밀하게 그려낸 그림책이다. 먼 곳에서 홀로 헌신하던 어머니의 추운 겨울, 연락 없이 찾아든 반가운 가족이 따뜻한 봄을 선물하며 누구에게나 기다림 끝에는 봄이 있다는 메시지를 전한다.

"사계절은 인생을 닮았어요."

"맞아. 추운 겨울 뒤에는 반드시 따뜻한
봄이 오니까. 우리 인생도 그렇지."

"더 흥미로운 건 자전축이에요. 지구가
23.5도 기울어져서 공전하기 때문에
계절이 변하거든요. 만약 완벽하게 똑바로
서 있다면 늘 같은 계절을 맞을 거예요.
사람도 똑같아요. 지구가 똑바른 모양으로
돌지 않고 기울어져 도는 것처럼 완벽하지
않은 모습이라 사계절이 존재하는 거겠죠.
그래서 시련도 있고, 고난도 있지만,
묵묵히 해내고 버티다 보면 다시 봄날이
오는 것이고요."

유난히 벚꽃이 흩날리는 어느 날이었습니다. 나이가 들어서인지 떨어지는 꽃잎을 보면 괜히 청춘이 떨어지는 것만 같습니다. 해마다 알찬 열매를 키워내느라 꽃 같은 내 청춘을 다 바치고 쓸쓸함만 남은 듯한 기분이었지요. 이런 제 이야기를 들은 누군가가 제게 말해주었습니다. 세월을 견딘 나무는 뿌리 깊은 힘으로 더 풍성한 꽃을 피우기도 한다며, 저도 앞으로 더 많은 꽃을 피워낼 거라고요.

나무가 꽃잎을 떨어뜨리고, 열매를 맺고, 낙엽이 되어 떨어지는 과정은 에너지를 보존하고 다음 계절을 준비하기 위한 자연스러운 생태적 순환입니다. 자연의 모습을 변화시키는 사계절은 꼭 우리 인생의 모습과도 닮았지요. 떨어지는 꽃잎에 제 청춘을 빗대고 나무의 성질에 제 인생을 다시 빗대었듯이, 우리는 자주 인생을 사계절에 비유하곤 하잖아요. 계절이 왜 우리의 인생과 닮았는지, 우리에게 어떤 의미를 주는지도 함께 나눠보려 합니다.

『엄마의 계절』은 사진을 보는 듯한 느낌이 드는 세밀화를 통해 농촌을 풍경을 더욱 생생하게 그려내고 있습니다. 아이들과 함께 읽으며 계절마다 수확하는 열매와 하는 일의 차이를 알아보고 사계절의 모습을 배울 수 있지요.

열심히 농사를 지어 아들딸을 독립시킨 엄마는 이제 시골에 홀로 남아 있습니다. 맛있는 음식을 잔뜩 해두고 자식을 기다리다가도 갑작스런 이유로 찾아뵙지 못한다는 전화가 오면 그저 괜찮다고 합니다. 감기에 걸려 끙끙 혼자 앓아누워 있어도 괜찮다는 말만 되풀이하지요. "괜찮아. 아무렇지도 않다." 뜨거운 여름 땡볕에서의 농사일도 비 오는 날의 힘들었던 농사일도 모두 자식들을 위한 일입니다. 가을에는 힘겹게 수확한 작물들을 택배로 부치고, 그 많은 배추를 치대고 치대며 혼자 김장을 해내죠. 책장을 덮을 때쯤 뜬금없이 찾아온 자식들을 보며 "겨울밤이 추워도 봄날 같다"고 말하는 엄마의 모습에 뭉클해지기도 합니다.

질박하고 사실적인 그림은 시골살이를 겪지 않았던 아이들에게도 '가족의 사랑'이라는 정서를 직관적으로 보여주고, 세대를 뛰어넘어도 언제나 반짝일 마음을 전합니다. 마지막 페이지를 넘기고 나면 엄마의 사계절을 통과한 뒤 찾아오는 여운을 고스란히 느낄 수 있지요. 그래서 '엄마의 계절은 ○○이다'라는 활동으로 아이들 나름의 감상을 정리해봅니다.

"외로움인 것 같습니다. 늘 기다리고 혼자 있는 날이 많아서입니다."

"거짓말입니다. 매일 괜찮다고, 괜찮다고 자식들 걱정 안 시키려고 거짓말을 했기 때문입니다."

"고진감래입니다. 외롭고 기다리는 시간 끝에 가족들이

찾아온 계절이라서입니다."

"겨울입니다. 엄마의 계절이 늘 외롭고 차갑게 느껴져서입니다."

"광합성과 증산 작용입니다. 잎이 광합성을 통해 영양분을 만들어서 전달하는 것처럼 엄마도 고추와 마늘 농사를 지어서 가족들에게 나누어주기 때문입니다."

엄마의 계절에 대한 아이들의 감상이 정말 다양하지요?

엄마의 사계절을 그림책으로 살펴보았으니, 이번에는 세상을 살아가는 또 다른 누군가의 계절은 어떤 모습일지 생각해보도록 합니다.

'ㅇㅇ의 계절'이라는 제목으로 그림책 만들기 활동을 하는 겁니다. 사람도 좋고 동물도 좋고 식물도 좋습니다. 그저 내가 아닌 타인의 시선으로 삶을 바라보기만 하면 충분합니다. 그들의 입장에서 사계절은 어떤 모습으로 다가올지 상상하면서 말이죠. 아이들은 제각기 주제를 정해 계절이 갖는 특징을 삶의 모습과 찰떡같이 연결해 멋진 이야기를 만들어냈습니다.

또한 아이들은 사계절을 표현하며 느꼈습니다. 좋은 날도 좋지 않은 날도 영원하지 않다는 것을요. 지금의 계절이 무더워 지친 여름일지라도, 혹은 차갑고 매서운 겨울일지라도 조

유기견의 계절

봄, 주인의 품에 안겨 온 어느 골목 그 밤에 있던 일은 잊을 수가 없습니다. '주인' 그 이름은 내 머릿속에서 잊힌 지 오래입니다. 따뜻한 햇살과 꽃샘추위…… 다시 느낄 수 있을까요? 새싹이 나고 있네요. 내 마음속 새싹은 시들어버렸습니다. 그 몹시도 따뜻했던 봄이…… 그립습니다.

여름, 슬슬 느껴지는 뜨거운 햇살. 털이 길어져 더 덥게 느껴집니다. 아! 어째서인지 주인의 집이 보고 싶군요. 더위를 먹은 걸까요? 주인이 날 버리지 않았다고 믿고 싶지만, 오늘따라 높은 태양이 고개를 젓는 것 같습니다.

가을, 제법 날씨가 선선해졌군요. 여름에는 줄기차게 울어대던 매미도 쓸쓸하게 사라져갑니다. 가끔씩 알지 못하는 사람들이 주는 사료로 생명을 부지하는 나. 이런 생활에 지쳤는지 먹기도 싫습니다. 그저 텅 빈 거리를 볼 뿐입니다. 보름달을 보니 주인의 얼굴이 떠오르네요. 즐거웠습니다. 그 바스락 거리는 소리. 이제는 다른 느낌입니다.

어느새 찾아온 **겨울,** 털이 길어 마치 걸레 같은 모습이 된 나는 최선을 다해 사납게 짖어대며 내 구역을 지키다 그만, 쓰러졌습니다. 그리고 깨어난 내 눈앞에는 슬퍼하는 주인의 얼굴. 어째서, 지금 찾아왔을까요? 내 심정을 이해나 해줄까요? 몸에 힘이 빠집니다. 그리고 눈이 감깁니다. 슬퍼하진 말아요. 괜찮다고…… 말…… 하고 싶은데……

다시 **봄,** 고마웠어요. 다시 시작해볼까요? 새로운 시작을 꿈꿔봅니다.

학생 결과물

금만 더 견디다 보면 반드시 시원한 바람과 따스한 햇빛이 감싸주는 날이 올 거라는 걸, 그것이 자연을 닮은 삶의 이치라는 것을요. 홀로 긴긴 계절을 견뎌낸 엄마가 반갑게 찾아와준 가족을 만나며 행복한 시간을 맞게 된 것처럼 말이지요.

◆ 함께 질문을 나눠요

*주제: 천체

과학 질문	- 지구가 기울어 있지 않다면 어떤 일이 일어날까? - 지구가 지금처럼 서 있는 형태가 아닌 똑바로 누워 있는 형태에서 자전한다면 어떻게 될까? - 1년 내내 겨울 또는 여름만 있는 지역이 있을까?
가치 질문	- 오늘 너의 하루는 어떤 계절의 모습을 닮았니? - 네 인생의 봄날, 여름날, 가을날, 겨울날을 꼽아본다면? - 완벽하지 않아서 오히려 더 좋았던 순간이 있니?

조금 더 나누고 싶은 이야기

우리는 항상 계절 속에 삽니다. 꽃 피는 봄도, 푹푹 찌는 여름도, 단풍 든 가을도, 눈 소복한 겨울도 모두 아름답지요. 계절은 언제나 우리 곁을 돌고 돌지만, 그것이 결코 당연하다고는 할 수 없습니다. 계절이 존재하기 위해 지구에게 꼭 필요한 것이 있기 때문입니다.

지구의 자전축은 23.5도 정도 기울어져 있습니다. 이 각도는 지구에 큰 변화를 불러오지요. 지구가 기울어져 있으니 위치에 따라 태양열을 받는 각도와 면적에도 차이가 생기는 것입니다. 태양열을 많이 받는 위치에서는 여름이 되고, 많이 받지 못하는 위치에서는 겨울이 됩니다. 시시각각 변하는 계절의 비밀은 기울어진 자전축에 있습니다.

자전축이 항상 일정한 것은 아닙니다. 화성의 자전축은 다른 행성들의 강력한 중력에 영향을 받아 약 11도에서 49도 사이로 크게 흔들릴 수 있다고 합니다. 그러나 지구의 자전축 변화는 약 41,000년 주기로 21.5도에서 24.5도 사이를 오가며, 변화 폭이 작고 안정적인 편이지요. 비슷한 크기의 화성에 비해 매우 작은 변화입니다. 이처럼 지구가 기울어진 상태에서도 안정적일 수 있는 이유는 달 때문입니다. 달이 지구 주위를 돌며 지구를 강하게 끌어당기기 때문에 지구는 화성과 달리 자전축의 변화가 크지 않습니다.

만약 지구의 자전축이 화성처럼 크게 변했다면, 우리는 내년에 다시 봄을 볼 수 있다고 확신할 수 없습니다. 아름다운 계절이 돌고 돌기 위해선 방향을 안정적으로 잡아줄 도움이 필요하기 때문입니다.

불완전한 삶은 홀로 해내는 것이 아니라 누군가의 손을 잡을 때 빛나는 게 아닐까요? 지구에 달의 중력이 필요하듯, 할머니가 손자의 사랑을 그리워하듯, 어지러이 흔들리는 서로의 손을 잡아주고 함께 바라보는 우리의 계절은 겨울날의 보름달처럼 아름다울 겁니다.

생명

생명 1

변하지 않는 사실

『민들레는 민들레』
(김장성 글, 오현경 그림, 이야기꽃, 2014)

작은 씨앗에서부터 다시 홀씨가 되어 바람에 날리기까지 민들레의 한살이 과정을 담아낸 생태 그림책이다. 가장 약한 생명이 삭막한 도심 환경에서 살아남아 아름다운 꽃을 피워내는 모습을 통해 강인한 생명력과 존재 고유의 가치를 전한다.

"민들레의 생명력이 어디에서부터 오는지
아세요?

"글쎄."

"뿌리예요. 삶에도 단단한 뿌리와 같은
역할을 하는 것이 있어요. 바로 자아
존중감이죠. 자신을 믿는 마음이야말로
스스로를 지탱하고 성장시키는
원천이지요."

"그래, 맞아. 내가 어떤 곳에서 어떤
모습이어도 자신을 믿는 마음만 있다면
아름다운 꽃을 피울 수 있을 거야."

오랜만에 들른 과일 가게에서 유난히 예쁜 색의 과일들이 눈길을 사로잡습니다. 과일의 색깔은 왜 저리도 곱고 예쁠까요? 그 안에는 씨를 멀리 퍼트리기 위한 식물 나름의 전략이 숨어 있기 때문입니다. 예쁜 열매 색으로 동물들을 유혹해 맛있게 먹게 한 후, 똥으로 배출된 씨를 여기저기 퍼트리기 위한 작전이죠. 그래서 씨가 다 자라기 전까지 과일은 시고 떫은 맛을 낸답니다.

어쩌면 하얀 갓털을 입으로 호, 불고 싶어지는 마음도 민들레가 가진 고도의 번식 전략일지도 모릅니다. 그렇게 바람결에 흩날려진 민들레 씨는 작은 틈에서도, 높은 지붕 위에서도 예쁜 꽃을 피워내지요. 그런 민들레를 보고 있으면 우리에게 이런 이야기를 해주는 것만 같습니다. "내가 어디에 있든 나는 민들레야. 너도 그래. 너도 어디에서든 나처럼 예쁜 꽃을 피울 거야. 그러니 널 믿어 봐"라고 말이지요.

민들레의 한살이 내용도 익히고 민들레의 생애를 삶에 빗대어 생각해볼 수 있는 그림책이 있습니다. 바로 『민들레는 민들레』입니다. 2015 볼로냐 라가치상 논픽션 부문 수상작으로, 문장을 읽을 때마다 경쾌한 리듬감이 느껴지는 시 그림책이기도 합니다.

먼저, 그림책에서 볼 수 있는 민들레의 한살이 과정을 살핍니다. 그리고 민들레에 우리의 삶을 비추며 함께 이야기 나누기 위해 장면마다 다음과 같은 질문들을 던져봅니다.

"민들레는 높은 지붕 위나 도로 옆 아슬아슬한 벽 사이에 피었을 때 어떤 마음이었을까?"

"너희도 이렇게 아슬아슬하고 불안한 마음을 느껴본 적이 있니?"

"살면서 민들레처럼 혼자였던 적이 있니? 그럴 땐 어떻게 했어?"

한 아이는 친했던 친구와 싸웠을 때 불안한 마음을 많이 느낀다고 했습니다. 혼자가 되는 것이 외롭고 슬프다고요. 하지만 높은 지붕 위, 아슬아슬한 벽에 홀로 핀 민들레라도 늘 혼자이지는 않았습니다. 주변에 함께하는 친구들이 있었거든요. 부지런히 움직이는 작은 개미 떼, 가끔 불어와 간지럼을 태우는 바람, 마음을 녹여준 따뜻한 햇살. 그러니 만약 우리에게 그런 때가 다시 온다고 해도, 혼자라고 움츠러들기보다는 주변의 다른 친구들을 발견해보는 건 어떨까요?

아이들과 이야기를 나누었다면 필사 활동을 해보세요. 활동 방법은 간단합니다. '민들레는 민들레'라는 책 제목에서, 민들레라는 단어 대신 자신의 이름을 넣으면 됩니다. 그런 뒤 내가 나로 존재하는 여러 상황에 대한 삶의 문장을 써보는 것이지요. 이때 완성된 글은 꼭 소리 내어 읽어보게 하세요. 소리 내어 읽는 것은 단순한 낭독이 아니라, 자신의 목소리로 '나는 소중한 존재다'라는 메시지를 직접 듣는 중요한 경험이 됩니다. 어떤 모습이든, 어떤 상황이든 존재 자체로 의미 있고 가치 있다는 것을 스스로 인식하게 도와주지요. 자신을 가장 먼저 사랑해주고, 아껴줄 수 있는 사람은 바로 자기 자신이라는 것을 아이들이 마음 깊이 느낄 수 있도록 말입니다. 낭독은 자존감과 자기긍정감을 높이는 강력한 도구가 될 수 있답니다.

이다혜는 이다혜

학교에 있어도 이다혜
집에 있어도 이다혜

친구와 있어도 이다혜
이다혜는 이다혜

신이 나도 이다혜
우울해도 이다혜
그저 그럴 때도
이다혜는 이다혜

책상 앞에서도 이다혜
티브이 앞에서도 이다혜
넘어져 눈물을 터트러도
이다혜는 이다혜

예뻐도 이다혜
못생겨도 이다혜

혼자인 것이 두려워
움츠러들어도
언제나 빛나는 이다혜

◆ 함께 질문을 나눠요

* 주제: 생명의 연속성

과학 질문	- 민들레의 한살이 과정은 무엇이니? - 민들레 홀씨는 어떤 특징을 이용해 번식할까? - 민들레 홀씨의 무게는 얼마나 될까?
가치 질문	- 민들레의 단단한 뿌리와 같은 너만의 신념이 있니? - 나만의 장점은 무엇이라고 생각하니? - 앞으로의 인생에서 어려움과 시련이 닥친다면 자신을 위해 어떤 일을 할 수 있을까?

조금 더 나누고 싶은 이야기

식물의 뿌리는 여러 가지 역할을 합니다. 바람이나 물로부터 식물을 지탱할 수 있도록 도와주고, 양분과 물을 공급하죠. 보이지 않는 뿌리가 사실 식물의 성장에 가장 중요한 역할을 하고 있던 것입니다. 그중에서도 민들레의 뿌리는 다른 풀꽃에 비해 매우 깊고 넓게 뻗어나갑니다. 어디서나 살 수 있는 민들레의 생명력 중심에는 이러한 뿌리가 있다고 할 수 있지요.

민들레의 또 다른 특징으로는 식물을 지탱하는 줄기가 없다는 것입니다. 식물의 뿌리에서 바로 꽃이 자라나 장미나 튤립과 같은 다른 꽃들과 다르게 납작 엎드린 모양을 하고 있지요. 그래서 혹자는 민들레를 '앉은뱅이꽃'이라고도 부릅니다. 이렇게 납작 엎드린 민들레는 나약하고 우스꽝스러워 보일 수도 있지만 전혀 그렇지 않습니다. 줄기가 없어 땅에 바짝 붙어 있기에 잎이 지열을 받아 극한 환경에서도 버틸 수 있거든요. 우리가 어디에서나 아름다운 민들레를 볼 수 있는 또 다른 이유기도 합니다.

우리 삶에도 민들레의 단단한 뿌리와 같은 자아 존중감이 필요합니다. 자신을 믿는 마음이야말로 인간을 지탱하고 성장시키는 원천이니까요. 깊고 넓은 뿌리가 식물에게 중요한 것처럼, 자아 존중감을 깊고 넓게 확장해나가는 것은 우리의 성장에도 굉장히 중요하겠지요. 그리고 남들과는 다른 모습을 가진 민들레처럼, 나만의 남다른 특징을 장점으로 살려 자신만의 길을 당당히 걸어가야 할 것입니다.

    그렇게 우리가 민들레가 될 수 있다면, 우리 성장의 결실도 민들레 홀씨처럼 하늘 높이 날아오를 것이라고 확신합니다. 그때는 어디서나 아름다운 우리를 발견하게 되는 날이 올 것이고요.

생명 2

존 중 의 거 리

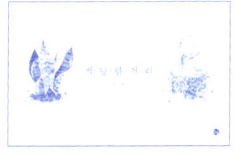

『적당한 거리』
(전소영 글·그림, 달그림, 2019)

인간관계를 식물 키우는 방법에 빗대어 건강한 관계를 유지하는 방법을 에세이 형식으로 풀어낸 그림책이다. 각기 다른 특성을 가진 식물들을 키우는 방법을 안내하며 시들지도, 썩지도 않는 적당한 거리를 생각하게 한다.

"식물과 사람은 닮은 점이 정말 많죠?"

"식물의 한살이가 우리의 일생과
닮은꼴이잖아. 게다가 쓰다듬으면 향기를
내뿜는 허브 식물처럼, 우리도 사랑으로
쓰다듬어준다면 그 손길을 따라 우리만의
향기를 내고 말이야."

"건강하게 자라기 위한 조건도 닮았어요.
건강하게 자라려면 과하지도 부족하지도
않은 적당한 영양분이 필요하잖아요.
너무 지나친 관심도 너무 부족한 관심도
아닌 서로를 건강하게 지킬 수 있는 거리.
우리에게도 그런 거리가 있어야 해요."

아이들은 학교생활을 하면서 담임 선생님과 전담 선생님을 만나 관계를 맺게 됩니다. 담임 선생님과는 3월 첫 만남부터 자기소개도 하고 교실 안에서 지켜질 약속과 규칙을 정하며 1년을 준비하고 함께 생활하지만, 전담 선생님은 다릅니다. 담임 선생님만큼 많은 시간을 함께하지 못하기에 라포르 형성이 어렵습니다. 일주일 고작 두세 번의 만남으로 끈끈한 애정이 쌓이기는 힘드니까요. 그래서인지 간혹 아이들이 전담 교사 수업에 담임 교사 수업 때와는 다른 태도를 보이기도 합니다.

"쾅! 쾅! 쾅!"

오늘도 과학실로 들어선 아이들이 책을 책상에 던지듯 내려칩니다. 누가 더 큰 소리를 낼 수 있는지 내기라도 하듯 말이죠. 그저 장난으로 하는 행동이라지만 과학실을 지키는 교사로서 존중받지 못하는 기분이 들기도 합니다. 우리에게도 서로를 배려할 수 있는 적당한 거리가 필요한 때입니다.

『적당한 거리』는 식물마다 다른 특성을 설명하며 식물을 어떻게 관리하면 더 싱그럽고 건강하게 키울 수 있는지를 보여주는 과학 그림책입니다. 그와 동시에 식물에 빗댄 인간관계에 대한 이야기가 담겨 있기도 하지요. 어떤 관계를 맺고 살아가야 할지에 대한 해답을 주는 책이기에 함께 생활해야 하는 공동체에서 읽으면 좋습니다. 다 같이 읽고 1년의 관계를 위한 존중의 약속을 나눠볼까요?

먼저 지난 시간에 배웠던 내용을 잘 기억하고 있는지 확인 질문을 합니다.

"식물이 잘 자라기 위해 필요한 조건이 무엇이었지?"

아이들은 적당한 온도와 물, 그리고 햇빛이라고 곧잘 대답합니다. 그렇다면 이제 그림책을 펼쳐 장면마다 머물며 다른 질문을 던집니다.

"너희들은 음지에서 잘 자라는 식물처럼 조용히 자기 할 일 하면서 지내는 걸 좋아하니? 아니면 일광욕을 좋아하는 식물처럼 발표를 적극적으로 하며 사람들 앞에 나서는 걸 좋아하니?"

"친구와 너무 가까이 붙어 있으면 어떤 기분이 드니? 반대로 너무 멀리 떨어져 있으면 어떨까?"

질문을 주고받으며 한 권의 책을 다 읽은 후, 함께 나누고 싶은 부분의 장면을 다시 펼칩니다. 그리고 이야기를 이어갑니다.

"식물이 건강하게 자라기 위해서는 적당한 온도와 물과 햇빛이 필요하다고 했었어. 선생님은 그 적당함이 관심이라고 생각해. 관심을 주지 않아 시들어버리는 식물도 있지만, 물과 영양분을 너무 많이 줘서 죽어버리는 식물도 있잖아. 부모님이나 선생님이 너희들에게 주는 관심도 이 원리와 같다는 생각이 들어. 선생님이 너희에게 지나치게 관심을 두어서 너희가 스스로 할 기회를 빼앗아도 안 되고, 아예 관심이 없어서 너희를 돌보지 않아도 안 되겠지? 그래서 서로를 존중할 수 있는 적당한 거리에 대해 이야기하고 싶어. '존중의 거리'라고 이름을 짓고, 선생님에게 바라는 점을 곰곰이 생각해서 붙임쪽지에 적어주길 바라. 이때 존중은 일방적인 게 아니니까 선생님을 위해 지켜줄 약속도 한번 생각해서 적어줘. 나도 너희들에게 바라는 점, 존중받고 싶은 점을 적어서 함께 이야기 나눠볼게."

그렇게 저는 제가 아이들에게 바라는 존중의 약속 두 가지를 제시했습니다. 교실을 들어서자마자 책상에 책을 쾅 내려치지 않는 것. 활동 시간 이외에 모둠 바구니 속 물건으로 장난치지 않는 것. 아이들도 제게 원하는 약속을 적어 교실 한편에 각자 붙여두었습니다.

약속을 하고 수개월이 지난 어느 날, 한 학생이 종이를 똘똘 뭉쳐 막대 모양을 만들고는 수업 시간 내내 책상을 두드리기 시작했습니다. 열심히 만든 물건을 뺏어서 버리려는 것이 아니라 수업 시간 방해가 되기 때문에 선생님이 잠시 보관한 뒤 수업을 마치고 돌려주겠다고 말했지만, 아이는 고집을 꺾지 않았습니다. 저는 그런 아이를 쳐다보며 손을 내밀었습니다.

"선생님이 그걸 강제로 뺏어갈 수 있지만 그렇게 하면 너도 기분이 상하고 나 역시도 마음이 좋지 않을 것 같아. 선생님 손은 지금 존중의 거리를 지키고 있어. 선택은 너의 몫이야."

그 말은 들은 아이는 잠시 고민하더니 제 손 위에 그 막대를 탁 올려두더군요. 기분 나쁘다는 듯이 '탁'이요. 하지만 저는 그것에 만족했습니다. 사춘기로 인해 평소 반항기가 있던 아이라 내심 조마조마했거든요. 존중의 거리를 지켜준 그 아이가 무척 고마웠습니다. 그리고 그 고마움은 그 아이도 느끼고 있었습니다. 제게 막대를 준 이후, 바른 태도로 친구들과 섞여 수업하는 모습을 볼 수 있었거든요. 그렇게 우리는 서로에게 적당한 거리를 찾아가고 있습니다.

◆ 함께 질문을 나눠요

* 주제: 생명의 연속성

과학 질문	- 식물이 자라는 데 필요한 세 가지 요소는 뭘까? - 풀과 나무의 다른 점은 뭘까? - 식물의 잎 모양이 환경에 따라 다른 이유가 뭘까?
가치 질문	- 너희들을 잘 자라게 하는 영양분은 뭐야? - 식물이 잘 자라기 위해 가지치기가 필요하듯, 건강한 삶을 살기 위해 우리가 일상에서 할 수 있는 가지치기는 어떤 것이 있을까? - 우리가 서로를 존중하기 위해 지켜줬으면 하는 약속이 있니?

조금 더 나누고 싶은 이야기

과학에서 말하는 적당함의 기준은 무엇일까요? 그것을 알기 위해서는 세심한 관찰부터 이야기를 시작해야 합니다.

지구상에는 완전히 동일한 생명체가 존재하지 않습니다. 세포를 나누어 가진 쌍생아라 할지라도, 살아가는 환경에 따라 DNA 발현이 달라져 서로 다른 모습으로 살아가기 때문입니다. 그렇기에 공장에서 찍어내는 물건에 적용될 법한 매뉴얼이 생명체에게 들어맞을 수는 없겠지요. 생명체가 잘 자라기 위해서는 정해진 매뉴얼이 아닌, 그들에게 진정으로 필요한 것이 무엇인지 알고자 하는 관심이 바탕이 되어야만 하는 이유입니다.

과학은 이러한 세밀한 관찰에서부터 적당한 균형을 찾아가는 일을 합니다. 우리가 달에 우주선을 보낼 수 있는 것도, 전염병의 백신을 만들고 빠르게 대처할 수 있는 것도, 전선으로 연결된 컴퓨터를 통해 일을 할 수 있는 것도, 모두 과학자와 공학자들의 세심한 관찰에서 비롯된 이론이 있기에 가능해지는 것이거든요.

그렇다면 과학자들은 어떻게 세밀한 관찰을 해낼 수 있을까요? 무언가를 결정 짓는 기준을 명확히 파악하기 위해, 그리고 그것이 정말 자연에서 일어나는 현상인지를 확인하기 위해 관찰을 기획하고 행하는 과정을, 우리는 실험이라고 합니다. 과학자들은 이런 실험을 통해 사물의 원리에서 무엇이 중요하고, 그것이 어떻게 작동하며, 나아가 그것이 어디에서 통용되는지를 알아냅니다. 그러나 실험 결과의 정확성에 대한 판단은 결국 비교를 통해 이루어지기 때문에 실험은 수차례의 반복을 필요로 하지요.

사회를 살아가면서 누군가를 알아간다는 것은 계속되는 실험과 같습니다. 타인과 나 사이의 중요한 가치를 찾고, 그것을 어떻게 조화롭게 이끌어낼지를 고민하며 상호작용하는 거죠. 실험의 과정은 단 한 번의 관찰이 답이 될 수 없음을 말해주고 있습니다. 누군가와 좋은 관계를 유지하고 싶다면, 한순간의 모습만 보고 판단해서는 안 된다는 것이지요. 오랫동안 지켜보면서 내가 기존에 가졌던 인식과 비교하고 맞춰가며 정답에 조금씩 가까워지는 것입니다.

적당한 거리를 찾기란 아주 어려운 일입니다. '적당한'이라는 단어로는 도저히 담아낼 수 없는 거리이지요. 한 발자국 앞으로, 반 발자국 뒤로 가기를 차근차근 반복한다면, 언젠가 그 적당한 거리에 닿을 수 있을 것입니다.

생명 3

다시 숨쉴 수 있을까

『양철곰』
(이기훈 글·그림, 리잼, 2012)

도시화를 위해 나무를 모두 베어버린 삭막한 지구의 이야기를 담은 그림책이다. 인간들은 피폐해진 지구를 버리고 황금별로 떠나지만, 자신의 몸을 희생하며 다시 지구를 살려낸 양철곰을 보며 인간의 이기심과 자연에 대한 책임을 돌아보게 된다.

"생명과학이나 지구과학을 배우다 보면
지구의 환경과 생명체들의 정교한 얽힘에
감탄하곤 해요. 지금의 지구는 46억 년의
시간 동안 만들어진 결과물이에요. 자연은
그 긴 시간 동안 이런 정교한 시스템을
찾았고요. 그래서 어떻게 하면 아름다운
모습을 만들 수 있는지 잘 알고 있어요."

"그래, 어쩌면 양철곰도 그걸 알고
있었기에 철재 덩이인 자신의 몸에
물을 퍼부었는지도 모르겠구나. 새들과
동물들이 도토리 씨앗을 양철곰의 몸속에
넣어주었으니까."

"아마 그 씨앗이 황폐해진 지구를 다시
아름답게 만들어줄 수 있다는 것을 알고
있었겠지요."

"그 작은 씨앗이 거대한 지구를 다시 살릴
수 있다니, 뭔가 뭉클하구나."

가끔 화장실을 오가며 괜한 걱정으로 덜컥 겁이 나곤 합니다. 우리가 변기 물에 흘려보내는 이 화장지들이 쌓이고 쌓여 결국 바다가 걸쭉한 죽이 되어버릴 것만 같아서요. 걱정 끝에 변기에 버려지는 화장지들이 어떻게 처리되는지 궁금해 조사를 해보았습니다. 조사 결과 화장지는 정화시설에서 모두 걸러져 다시 재활용되거나 소각 또는 매립된다고 하더군요. 걱정이 덜어지는 순간입니다. 하지만 화장지의 유해 물질이 하수를 오염시킨다는 개운하지 않은 사실을 마주하고는 마음이 아파집니다. 우리는 점차 훼손되어가는 자연환경과 분리할 수 없는 존재니까요. 우리가 버린 플라스틱이 미세 플라스틱이 되어 다시 식탁으로 돌아오고 있잖아요.

『양철곰』은 아이들과 환경에 대한 이야기를 나눌 때 자주 읽어주는 그림책입니다. 하지만 이 책은 여느 그림책과는 조금 다릅니다. 바로 글 없이 그림으로만 메시지를 전달하거든요. 그래서 더 큰 울림이 있기도 하고요.

먼저 아이들과 표지를 살피고 까만색 면지에서 5초가량 머문 후 넘어갑니다. 거대한 도시 속 팔을 벌린 양철곰과 새들이 도토리 열매를 물어다 어딘가에 놓아두는 첫 장면도 말 없이 손으로만 짚어줍니다. 그리고 질문을 던지죠.

"포클레인이 나무를 부수자, 새들과 다람쥐들은 어디로

달아나고 있니?"

"양철곰으로요."

"사람들은 양철곰을 환영하는 것 같아?"

"아니요. 도시 개발을 더 하고 싶은 욕심 때문에 나무를 지키려는 양철곰이 방해된다고 생각하나봐요. 나가라는 팻말을 들고 있어요."

사람들의 무분별한 개발로 지구는 황폐해졌고 사람들은 모두 새로운 터전이 될 황금별로 떠나고 있습니다. 황금별로 가는 기차를 타지 못해 지구에 남은 이들 중에는 한 소년이 있습니다. 그리고 그 소년의 시선 끝에는 양철곰이 있지요.

"양철곰은 지금 무엇을 하고 있죠?"

"물을 퍼붓고 있어요."

맞습니다. 양철곰은 밤이나 낮이나 비가 오나 눈이 오나 계속해서 자신의 몸에 물을 퍼붓습니다. 이 책의 가장 중요한 부분인 만큼 반드시 건네야 하는 질문이지요.

자신의 몸에 매일 물을 붓던 양철곰은 결국 부식이 심해져 무너져내리기 시작합니다. 하늘도 무심한 듯 비를 퍼붓기 시작하고요. 소년은 양철곰을 끌어안고 하염없이 눈물을 흘립니다. 양철곰이 안쓰러워서일까요, 이제 떠날 수 있다는 희망이 꺾여서일까요.

하얀 연기를 내뿜으며 무너져내리는 양철곰을 바라보는 아이들 주변의 분위기가 더욱 가라앉습니다. 그러다 양철곰 위에 쓰러져 울던 소년이 눈을 뜨자 아이들은 놀라고 맙니다. 무너진 양철곰 틈 사이로 새싹들이 파릇파릇 올라와 있거든요. 왜 양철곰이 자신을 희생하면서까지 계속해서 물을 퍼부었는지 그 이유가 드러나는 순간이지요. 과연 양철곰이 우리에게 전하고 싶었던 메시지는 무엇이었을까요?

책을 모두 읽은 뒤에는 마지막 장에 있는 면지를 다시 한 번 깊이 살펴봅니다. 그리고 아무런 무늬도 없이 검은색 하나로 이루어진 면지가 어떤 의미일지 묻습니다.

"우주로 떠나는 이야기라 우주를 표현한 것 같아요."

"환경을 무분별하게 개발하면 이 검은색처럼 된다는 경고의 의미라고 생각해요."

"황금별로 가기까지 캄캄한 밤처럼 긴 여행이 될 것이라는 의미 같아요."

모든 대답이 그럴싸하죠? 이런 대답도 나왔습니다.

"해가 뜨기 전이 가장 어둡다는 말이 있잖아요? 까만 밤에서 다시 시작해보자는 의미 같아요. 이 까만색이 지난 잘못을 다 인정하고 이제는 새롭게 시작해야 할 때라는 말을 해주는 것 같아요."

저에겐 이 말이 '문제를 대신 해결해줄 다른 누군가를 찾지도 말고, 의지하지도 말고, 피하지도 말고, 우리 스스로 해결해야만 한다. 그러니 다시 시작하자'라는 말로 들렸습니다. 결자해지. 우리가 만든 문제이니 우리가 직접 해결해나가야 한다고 말이지요. 그렇게 면지의 의미를 살펴본 후에는 해시태그를 이용해 질문도 만들어보았습니다. 책을 읽고 떠오르는 단어들을 해시태그로 연결하여 써본 후, 그 단어를 사용해서 질문을 던지는 것이지요.

#희생 #곰 #자연 #나무 #지구 #살수없는땅 #양철 #환경오염 #생물 #우주공항 #기차 #희망 #부식 #이기심 #열망 #황금열매	① 양철곰의 희생은 인간의 이기심을 고칠 수 있을까? ② 양철곰은 왜 지구를 위해 희생을 결심했을까? ③ 황금 열매를 먹은 사람들은 황금별에서 어떤 삶을 살고 있을까?

아이들이 만든 질문을 칠판에 적은 후, 모둠별로 의논하고 싶은 질문 하나를 선택한 후 토의를 시작합니다. 아이들은 양철곰의 희생으로 인간의 이기심을 고칠 수는 없을 테지만, 끔찍한 결과를 목격한 만큼 달라진 모습을 보일 것이라고 말해주었습니다. 그러나 황금별로 떠난 인간들은 반성하고 달라

질 의지 없이 그저 새로운 것만 찾아 나서기 때문에 그 욕심이 화가 되어 황금별마저 망쳐버릴 것이라고 했습니다. 아이들의 이야기를 듣다 보니, 행동의 변화 없이 새로운 것만 찾는 것은 절대 답이 될 수 없으며, 잘못을 스스로 바로 잡는 것만이 진정한 해결 방법이라는 생각이 다시 한번 들더군요.

　우리는 환경보호의 중요성을 잘 알고 있습니다. 하지만 앎과 삶을 연결하기란 무척 힘이 듭니다. 편리함에 젖어 있어서겠지요. 그러나 실천하지 않는다면 아무것도 달라지지 않습니다. 그림책으로 아이들의 마음을 흔들었다면 작은 다짐으로 실천 의지를 다져보세요. 실제 행동으로 옮길 수 있는 한 가지 수칙을 정하는 것입니다. 이를테면 '빨대는 사용하지 않겠다. 하루에 한 번 정도는 플라스틱 용기 대신 텀블러를 사용하겠다. 또는 배달 음식은 다회 용기로 선택하겠다' 등, 자신만의 약속을 정해 환경보호를 위한 실천이 필요한 때입니다. 다시 숨 쉴 수 있는 지구를 선물하기 위해서요.

◆ 함께 질문을 나눠요

*주제: 환경과 생태계

과학 질문	- 광합성을 통해 만들어내는 물질은 무엇이 있을까? - 지구의 산소가 지금보다 많거나 적어지면 어떤 일이 일어날까? - 식물의 호흡을 관찰할 수 있는 방법은 무엇일까?
가치 질문	- 양철곰은 왜 만들졌을 것 같아? - 황금별에 도착한 사람들의 미래는 어떤 모습일 것 같니? - 환경을 보호하기 위한 나만의 실천 약속 한 가지는?

조금 더 나누고 싶은 이야기

양철과 숲은 세계의 양 끝에 서 있는 존재가 아닙니다. 나무는 탄소와 산소, 질소와 같은 원소로 이루어져 있습니다. 원자들이 모여서 나무의 일부가 되고, 떨어진 잎의 원자들은 다시 흙의 일부가 되지요. 양철도 항상 그대로인 것 같지만, 조금씩 모양이 변하고 떨어져나가는 과정에서 양철을 구성하는 원자와 힘은 끊임없이 변화하고 있죠. 변화하는 원자의 관점으로 본다면 대체 어디서부터가 나무고 어디서부터가 양철일까요? 나아가, 원자의 소용돌이 속에서 인간은 나무와 양철의 어디 즈음에 자리한 것일까요?

선선한 바람이 부는 것은 대기가 돌기 때문입니다. 바람은 산을 깎고, 공기 중 입자를 흩날립니다. 우리가 언제 어디서나 숨을 쉴 수 있는 것은 바람이 불기 때문이지요. 바다 역시 순환합니다. 바다는 순환을 통해 생태계를 만들고, 지표면의 열을 식힙니다. 이뿐 아니라, 비옥한 땅을 위해서는 지렁이가 땅을 뒤집어야 하고, 생명은 한살이를 반복하며 진화합니다. 세상의 모든 것은 이렇게 순환합니다.

그리고 그것 중 무엇 하나만 사라지더라도 세상의 질서는 무너지고 맙니다. 바람이 불지 않거나, 바닷물이

흐르지 않거나, 나무가 자라지 않거나, 땅이 굳은
세상에서는 과학이나 문명과 같은 기적도 일어나지
않으니까요. 이렇듯 자연은 정교한 순환으로 이루어져
있습니다. 우리 인간도 그 속에서 함께 순환하고 있습니다.
나무와 양철과 인간은 이렇게 자연이라는 하나의 흐름에서
만나고 있는 것이지요.

    재미있는 사실은, 원자의 소용돌이처럼 자연을
구성하는 사물들이 자리와 모습을 바꾸더라도 그 순환
속 원자의 총량은 늘 같다는 겁니다. 세상을 한 바퀴 돌아
다시 제자리로 돌아오니까요. 하지만 우리는 너무 많은
것들을 필요 이상으로 만들어내고 있습니다. 화학 비료나
플라스틱, 넓게는 전기에너지까지도 말입니다. 이런 것들은
자연의 순환으로 제때 돌아가지 못하고 점점 쌓여서 쓰레기
섬이나 지구온난화 같은 문제를 일으킵니다. 정교한 순환이
무너지면서 자연 전체가 위기에 빠지게 된 것입니다.

    이러한 자연의 순환 법칙을 깨지 않기 위해 우리는
필요 이상으로 에너지를 만드는 일을 멈춰야 합니다. 소비
습관과 생활 습관을 고치는 등의 작은 노력으로 자연이
다시 생기를 찾을 수 있도록 책임을 다해야 할 때입니다.

운동과 에너지

운동과 에너지 1

힘의 원리

『슈퍼맨과 중력』
(김성화·권수진 글, 최미란 그림, 토토북, 2022)

슈퍼맨이 아주 아주 센 중력을 가진 행성에 떨어지며 벌어지는 과학적이고 흥미로운 이야기를 담은 그림책이다. 모든 것이 낯선 그곳의 모습과 서른여덟 개의 발이 달린 외계인을 통해 중력의 개념과 작용 원리를 익힐 수 있다.

"중력과 같은 힘의 원리가 스트레스를
느끼고 해소하는 과정과 닮아 있다는 거
아세요?"

"어떻게?"

"힘은 질량에는 비례하지만, 거리에는
반비례하거든요. 즉, 질량이 무거울수록,
거리가 가까울수록 힘은 세진다는 거예요.
스트레스도 그렇잖아요. 서로가 내세우는
의견을 질량으로 본다면 그 무게가 클수록
우리는 짓눌리는 기분을 더 많이 느낄
거예요. 하지만 거리와는 반비례하니까
거리를 둘수록 스트레스의 힘에서 어느
정도 벗어날 수 있는 거죠."

유난히 몸이 무겁고 처지는 날, 온 세상 중력이 나에게만 작용하는 것만 같은 날이 있습니다. 우울한 감정으로 빚어진 날들은 마음까지 꾹꾹 눌러대고요. 스트레스는 이처럼 우울감으로, 때로는 분노와 불안으로 우리의 마음을 더욱 갑갑하게 만듭니다. 마치 거대한 중력에 얽매인 『슈퍼맨과 중력』 속 슈퍼맨처럼 말이지요. 몸을 잡아끄는 중력에서 벗어날 때의 그 홀가분함이란 읽는 이도 개운함을 느낄 정도입니다. 그런 개운함은 스트레스에서 벗어날 때도 똑같이 느낄 수 있습니다. 이처럼 힘의 원리와 스트레스가 닮은꼴이니, 아이들에게 힘의 원리를 가르칠 때 스트레스 이야기를 빼먹을 수가 없지요. 아이들이 느끼는 스트레스는 무엇이고, 그런 스트레스의 올바른 해소법은 또 무엇인지 함께 이야기해봐야겠습니다.

어느 날, 슈퍼맨은 중력이 아주 아주 센 납작한 도넛 모양의 행성에 떨어집니다. '쿵' 하고 넘어진 슈퍼맨에게 일어난 일은 무엇일까요? 정답은 바로 '제대로 일어서지 못한다'입니다. 중력이 슈퍼맨을 바닥 쪽으로 강력하게 당기고 있기 때문이죠. 한 발 한 발 떼기도 힘들어 덜덜 떨며 두 다리로 버텨보려고 하지만 쉽지 않습니다. 결국 네 발로 힘겹게 기어다니지요. 그러다 발이 서른여덟 개 달린, 멕시코 모자를 닮은 우주인이 나타납니다. 왜 발이 서른여덟 개냐고요? 잘 걸어 다니기 위해서입니다. 다리가 많아야 끌어당기는 힘을 분산시킬 수 있으니까요.

이뿐만이 아닙니다. 그림책 속 세상은 모든 것이 낯섭니다. 식물의 가지는 아래를 향해 자라고, 구름도 낮게 떠 있고, 수증기도 하늘로 올라가지 못해 옆으로 이동합니다. 세상 곳곳에 거대한 중력의 힘이 표현되어 있어 흥미롭습니다.

아이들과 중력이 아주 아주 센 납작 행성에 있다고 상상해보세요. 만약 비가 오면 어떻게 될까요? 중력이 큰 만큼 비가 떨어지는 속도도 더 빠를 거라 생각한 아이들은 '온몸에 멍이 들 것 같다' '머리가 깨지거나 혹이 날 수도 있겠다' 등 다양한 대답을 들려줍니다. 그렇다면 슈퍼맨이 걷기도 힘든 행성에서 새는 날아다닐 수 있을까요?

"새가 어떻게 날아다녀요? 여기서는 못 날 것 같아요."

"우주인 발이 서른여덟 개인 것처럼, 새 날개가 서른여덟 개일 수도 있어요."

"새똥 맞으면 큰일 나겠는데요?"

참 재미있는 상상이지요? 아이들과 중력과 관련된 여러 질문을 주고받은 후, 슈퍼맨이 지구로 돌아왔을 때 자유롭게 팔을 휘두르고 날아다니는 모습을 보며 어떤 느낌이 드는지 다시 물었습니다. 아이들은 슈퍼맨이 자기를 짓누르는 강력한 힘에서 벗어나니 시원하고 홀가분할 것 같다며 결말에 공감했지요.

    마지막 장을 덮은 후, 아이들의 속마음을 들어보기로 했습니다. 슈퍼맨이 도착한 행성의 중력처럼 지금 나를 납작하게 만드는 것, 짓누르게 만드는 것은 무엇인지에 대해서요. 학업 스트레스는 당연하게 나오는 이야기이고, 그저 '월요일'이라고 대답하는 아이도 있습니다. 부모님이 간섭할 때, 친구들이 놀릴 때, 동생이 귀찮게 할 때, 숙제가 밀렸을 때를 한꺼번에 이야기하는 아이도 있고요. 아직 꿈이 없어서 마음이 짓눌린다는 말도 나왔습니다. 그런 이야기를 듣다 보니 아이들의 삶도 어른의 삶과 다를 바가 없다는 생각이 듭니다. 질량이 있는 모든 물체가 중력의 영향을 받듯, 삶의 무게는 어른만이 느끼는 감정이 아닐 테니까요.

    아이들도 그 나름의 삶을 치열하게 살아가고 있습니다. 아침에 무겁디무거운 눈꺼풀을 겨우겨우 떼어내고, 부모님의 기대와 마음을 충분히 알기에 오늘도 책상 앞에서 하고 싶은 일을 잠시 미루고 해야 하는 것들을 꾹꾹 해냅니다. 어른들의 기대와 충고가 어쩌면 무거운 중력처럼 버티기에 힘겨울 수 있지만, 그렇게 묵묵히 하루를 버텨내고 있지요.

    아이들이 중력처럼 느끼는 스트레스를 건강하게 해소할

수 있는 방법이 있을까요? 이번 수업에서는 피라미드 토론을 통해 최고의 스트레스 해소법을 뽑아봅니다. 먼저 모둠을 구성한 뒤, 토의를 통해 서로 겹치치 않도록 의견을 선정합니다. 그리고 피라미드 맨 아래쪽에 붙이지요. 지금부터는 나란하게 정렬된 의견들을 1:1로 견주어 토론하며 더 좋은 해소법을 하나씩 위로 올리기만 하면 됩니다. 의견의 장단점을 논리적으로 따져보며 좀 더 현명한 방법을 찾아가는 것이지요.

6학년 아이들이 꼽은 최고의 스트레스 해소 방법은 '딱 하루만 학원을 빠지고 실컷 잠을 자는 것'이었습니다. 그것도 부모님의 허락을 받았다는 조건에서요. 그 허락이라는 말에 괜히 더 가슴이 아팠습니다. 쉬어도 괜찮다고 인정받는 하루, 당당하게 멈출 수 있는 시간이 죄책감 없는 진짜 쉼이라고 생

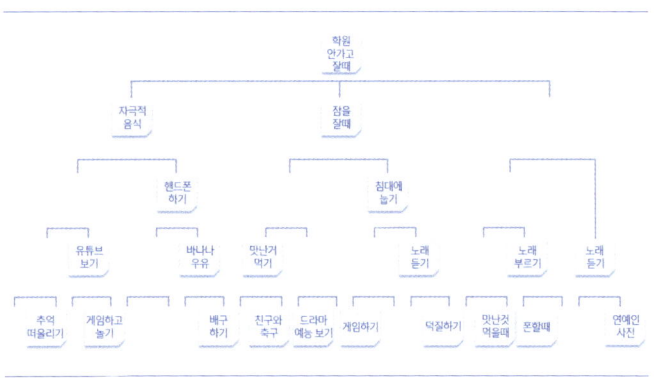

피라미드 토론 예시

각하는 것 같았으니까요. 힘의 원리에서 '거리'가 중요한 요인이듯, 아이들도 스트레스를 유발하는 원인과 조금이라도 거리를 두고 싶은 마음이겠지요.

◆ 함께 질문을 나눠요

*주제: 힘과 운동

과학 질문	- 행성마다 중력은 어떻게 다를까? - 태양과 행성 간에도 중력이 작용할까? - 중력이 아주 아주 약한 행성은 어떤 모습일까?
가치 질문	- 요즘 너를 무겁게 짓누르는 스트레스가 뭐니? - 스트레스 해소를 위해 가족이 도와줄 수 있는 게 있다면 무엇이니? - 친구들에게 추천하고 싶은 스트레스 해소법은 무엇이니?

조금 더 나누고 싶은 이야기

만유인력은 질량을 가진 물체가 서로를 끌어당기는 힘입니다. 서로의 질량(m)이 커질수록, 거리(r)가 가까울수록 그 힘이 커지는 성질을 갖고 있지요. 하지만 그런 성질은 만유인력만이 가진 것은 아닙니다. 전자기력도 만유인력처럼 전하량이 커질수록, 전하 사이의 거리가 가까울수록 그 힘이 커지거든요.

 힘에는 신기한 성질이 또 하나 있습니다. 바로 '작용반작용의원리'인데요. 힘은 한쪽으로만 생기지 않는다는 것이죠. 만약 우리가 벽을 밀어 벽에게 힘을 작용하면, 벽도 반작용으로 우리를 밀어내는 힘을 만들어냅니다. 우리가 벽을 밀었을 때 튕겨나가는 것도 이 원리 때문이고요.

 이런 물리학적 힘의 법칙을 스트레스에 연결 지어 생각해볼 수 있습니다. 질량과 같은 서로의 고윳값에 따라, 그리고 거리에 따라 힘의 크기가 결정된다는 점이 닮아 있으니까요. 상대와 내가 서로를 향해 만들어내는 스트레스 상황에서 의견을 질량으로 본다면 그 크기가 크고 거리가 가까울수록 우리를 짓누르는 힘이 강해집니다.

작용반작용의 원리 측면에서도 연결점이 있지요. 내가 상대에게 일정한 힘을 보냈을 때 상대도 같은 크기의 힘을 나에게 보내기에, 스트레스는 상대뿐만 아니라 나에게도 상처가 된다는 것입니다. 그러므로 스트레스를 관리하는 건 나에게도 상대에게도 모두 중요한 일입니다.

사람은 저마다 짊어진 삶이 다릅니다. 다른 두 물체가 서로의 질량을 바꿀 수 없듯이, 스트레스를 줄이기 위해 다른 사람의 삶을 억지로 바꾸거나 폄하하는 것은 힘들고 고통스러운 일입니다.

스트레스도 힘의 원리를 따르는 만큼, 우리에게 여전히 거리에 대한 선택지가 있음을 잊지 마세요. 때로는 문제에서 잠시 거리를 두고 자신이 좋아하는 다른 곳에 관심을 둬보는 방법은 어떨까요? 서로의 거리를 조금 늘리는 것만으로도 힘은 효과적으로 줄어들 테니까요.

운동과 에너지 2

빛나는 그림자

『빛을 비추면』
(김윤정 글, 최덕규 그림,
윤에디션, 2018)

빛의 성질을 활용해 독자들에게
시각적인 즐거움을 선사하는
그림책이다. 플래시로 빛을 비추면
마법처럼 장면이 달라지며, 부딪히고
휘어진 빛들이 탄성을 자아낼 만큼
아름다운 장면을 만들어낸다. 그
속에서 인생의 휘어짐과 꺾임의 미학을
전해준다.

"삶을 살아가다 보면 늘 빛이 곧게만
나가지는 못할 거예요. 굴절되기도 하고
튕겨나가기도 하겠죠. 하지만 예상치
못한 울퉁불퉁한 면을 만나서 다른 길로
여기저기 꺾여나갈 때, 우리는 비로소
온전한 삶의 그림을 볼 수 있게 돼요."

"맞아. 때로는 빛이 만들어낸 그림자가
더 멋진 작품이 되듯이, 우리의 모든
면이 합쳐졌을 때 비로소 더 멋진
인생이 되는 거야."

"와아!"

    초등 1급 정교사 자격 연수에 그림책 수업 사례를 나누러 갔을 때입니다. 까맣게 불이 꺼진 강의실, 플래시 불빛에 비춰진 그림책을 보며 내지르는 탄성과 환호가 공간을 가득 메웁니다. 그저 책에 빛을 비췄을 뿐인데, 마치 제가 마술사가 된 기분이었습니다.

    『빛을 비추면』은 평범한 일상의 장면에 빛을 비추면 빛이 굴절되고 반사되며 우리가 보지 못한 숨은 장면들이 새롭게 펼쳐짐을 보여주는 마법 같은 책입니다. 도시의 낮 풍경이 빛을 비추는 순간 불빛 가득한 야경이 되기도 하고, 허전한 방 안에 빛을 비추는 순간 따사로운 햇살 아래 여유를 즐기는 사람의 모습이 나타나기도 합니다. 그런 점이 꼭 우리 인생과도 닮았지요. 곧게만 나아가지 않아도, 꺾이고 돌아가는 순간들이 모여 삶을 더욱 풍요롭게 만들어주니까요.

    불을 끄고 그림책을 읽어주자, 아이들도 순식간에 제 주변으로 모여들며 자리 다툼을 시작합니다. 멀찍이 앉아 보기에는 아쉽다는 걸 온몸으로 보여주듯 말이지요. 여기저기서 탄성이 터졌고, 선생님이 왜 이 책을 아끼는지 알겠다며 인정도 해줍니다. 빛이 선사하는 아름다움에 넋을 잃는 일도 빈번합니다. 그러나 역시 아이들과 저에게 가장 깊게 다가온 건 맨 뒷

장의 마지막 한 문장입니다. 빛을 비추는 우리가 빛이라는 말이, 마치 삶의 빛이 되어달라는 작가의 부탁같이 들렸거든요.

함께 책을 읽은 뒤에는 이 책이 빛의 성질을 이용해 만들어졌다고 설명합니다. 빛의 직진, 반사, 굴절에 대한 개념을 간단히 정리하고, 그림자가 빛이 직진하는 성질로 인해 생겨난다는 사실도 알려줍니다. 그런 뒤 다시 한번 표지를 살핍니다. 'Light'라는 글자가 음각으로 새겨져 있고, 음각된 글자 중 'in'에만 검은 박이 덧입혀져 있지요. "이 표지가 담고 있는 메시지가 무엇일까?" 하고 묻자 아이들은 "진짜 메시지는 in, 즉 안에 있다는 것을 표현하기 위해서"라는 의견을 모았습니다. 작가는 진짜 담고 싶은 메시지를 두 장의 종이 안에 숨겨두었고, 빛을 비췄을 때 비로소 진짜 의미를 찾을 수 있도록 한 것이지요.

그렇다면 아이들이 마음속에 담아둔 진짜 삶의 메시지는 무엇일까요? 아이들이 품고 있는 삶의 메시지, 그 인생 철학을 빛의 성질을 이용해 엽서에 담아보려고 합니다.
"얘들아, 작가는 빛을 비추는 우리가 빛이라는 이야기를 해줬어. 우리가 사회를 사랑과 관심으로 본다면 그 속의 그림자마저도 빛이 만들어낸 아름다운 그림으로 탄생된다는 뜻이겠지. 너희들이 그런 빛 같은 존재가 되었으면 해. 앞으로 어떤 사람으로 살아가고 싶은지 너희들의 인생 철학을 엽서 안에 담아보자. 빛의 성질을 이용해 마술 엽서를 만들어보는 거야."

엽서를 만드는 원리는 간단합니다. 빛이 물질을 통과하는 성질을 이용하면 되는데요. 종이 세 장을 준비한 뒤 첫 장에는 겉으로 드러나는 이미지, 두 번째 장에는 내가 빛으로 이야기하고 싶은 메시지를 담습니다. 빛을 통해 보여주고 싶은 이미지를 그린 후 칼로 구멍을 뚫어 표현하면 됩니다. 세 번째 장은 두 번째 장을 숨기기 위해 덧대는 용도로 씁니다. 빛이 이리저리 튕기며 멋진 작품을 만들어내듯, 점차 다양한 방향으로 휘어지고 반사되며 힘차게 뻗어나갈 아이들의 인생을 다시 한번 응원해봅니다.

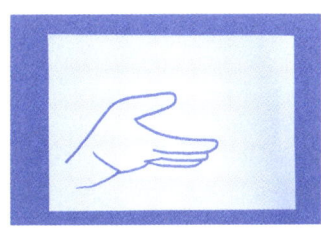

첫 번째 장에 눈에 보이는 이미지를 그려요.

두 번째 장에는 빛을 통해 보여주고 싶은 이미지를 그린 후 칼로 모양을 뚫어요.

순서대로 첫 장, 두 번째 장, 세 번째 장을 겹친 후 가장자리를 풀칠해서 붙여요. 세 번째 장에 글자를 써도 좋아요.

세 장을 겹쳐놓은 엽서 뒷면에 빛을 비추면 완성!

외로운 길고양이에게 친구를 선물하는 따뜻한 사람으로 살겠습니다.

학생 결과물

◆ 함께 질문을 나눠요

* 주제: 빛과 파동

과학 질문	- 빛이 직진하지 않는다면 어떤 일이 일어날까? - 그림책 속의 숨은 그림이 나타나는 원리는 무엇일까? - 빛의 성질을 이용한 마술로는 무엇이 있을까?
가치 질문	- 네 삶의 빛과 그림자는 무엇이라 생각하니? - 어떤 순간 굴절되었다고 느끼고, 어떤 순간 곧게 나아간다고 느끼니? - 마술 엽서에 담고 싶은 너만의 인생 철학은 무엇이니?

조금 더 나누고 싶은 이야기

우리는 세상을 바라볼 때 빛을 통합니다. 시각세포로 들어오는 빛으로 세상을 보는 것이지요. 이때 빛은 직진하는 성질을 갖고 있습니다. 빛이 직진하지 않는다면 우리는 세상을 눈에 담을 수 없죠. 그러나 곧게 직진하기만 하는 빛은 의미가 없습니다. 부딪히고, 휘고, 굴절되고, 반사되어온 빛들만이 진정한 색과 의미를 띠니까요.

빛은 에너지이기도 합니다. 과학에서 에너지는 그냥 생기는 것이 아닙니다. 다른 에너지나 자원을 대가로 만들어지죠. 별을 예로 들어 보면, 별은 핵융합을 통해 작은 원소들이 하나둘씩 합쳐지며 빛을 내거든요.

사람도 비슷합니다. 삶의 추억이나, 작은 목표들이 합쳐지면서 커다란 목표로 나아가는 과정에서 에너지를 만드니까요. 우리는 보통 그 큰 목표를 만들어나가는 과정을 '꿈을 꾼다'고 이야기합니다. 즉, 인간은 꿈을 꿀 때 비로소 빛이 나는 것이죠.

그런데 간혹 꿈의 빛이 너무 소중해서 어떠한 고난도 겪고 싶어 하지 않는 경우가 있습니다. 주위의 어른들마저 아이들의 빛이 엉뚱한 곳으로 굴절되지 않을까 걱정하기도 하기도 하고요. 부모는 자식의 거울이라는 말이 있습니다.

다시 말해, 부모가 거울이 되어 자녀의 빛의 방향을 잡아줄 수 있다는 뜻이지요. 우리는 아이의 빛이 마음껏 꺾이고 휘어질 기회를 줘야 합니다. 그러다 혹시 엉뚱함을 넘어 잘못된 방향으로 나아갈 때가 생긴다면, 그때는 제대로 된 길을 가도록 도와주면 되고요. 그것이 아이들을 진정으로 빛나게 해주는 부모의 역할 아닐까요?

자신의 빛을 마음껏 발산하다 보면, 우리의 빛은 직진으로도, 굴절로도, 아름다운 의미를 띠게 될 것입니다.

운동과 에너지 3

최고의 에너지

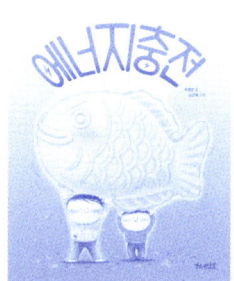

『에너지 충전』
(박종진 글, 송선옥 그림,
소원나무, 2019)

동생의 정체가 로봇이라는 형의 익살스러운 농담으로 시작되는 이야기로, 건전지가 다 된 장난감이 되기 싫은 동생이 에너지를 충전하기 위해 벌이는 유쾌한 소동이 담겨 있다. 형과 동생의 장난을 통해 다양한 에너지의 형태를 배우며 일상 속 에너지 충전 방법도 생각해볼 수 있다.

"에너지는 참 재미있어요. 모든 에너지는 에너지 전환 과정에서 열에너지가 생기면 효율이 떨어지거든요. 그런 원리가 우리에게도 똑같이 적용돼요. 우리도 일을 하다가 열을 받거나 스트레스가 생기면 효율이 떨어지니까요."

"에너지 법칙은 정말 우리 생활과 많이 닮아 있구나! 세상의 힘든 일을 헤쳐나가는 사람은 인상 쓰며 겨우겨우 해내는 사람이 아니라, 고효율의 행복에너지를 가진 사람일 수도 있겠어."

감정 조절 실패로 화가 치민 날, 하루 종일 기분이 가라앉아 힘없이 하루를 마무리했던 경험이 있을 겁니다. 그래서 저는 쓸데없는 스트레스로 열을 내지 않고 효율적으로 에너지를 사용하기 위해 가끔 스스로에게 주문을 걸기도 합니다. "난 행복한 사람이야" "이쯤은 문제없어"라고 말이죠. 1학년 담임을 했던 시절, 유난히 장난기 많은 아이의 행동에 마음이 흔들릴 때도 "네가 우리 반이라서 참 좋아. 너무 행복해"라고 말하며 미소 짓곤 했습니다. 밝은 생각으로 가라앉은 마음을 끌어올리다 보면 놀라운 변화가 일어나거든요. 부정적이었던 마음과는 다른 긍정적인 말이 상대에게 전해지니 상대는 제게 더 다정하고, 더 온화하고, 더 바르게 행동하기 시작했습니다. 역시 행복해서 웃는 것이 아니라, 웃어서 행복한가봅니다.

에너지와 생활을 배우며 다양한 에너지를 알아보고 긍정적인 생각으로 에너지를 효율적으로 사용하고 싶다면 『에너지 충전』이라는 책을 추천합니다. 운동에너지, 위치에너지, 화학에너지 등 다양한 에너지들을 재미있는 이야기로 풀어낸 데다가 두 형제의 에너지 충전법이 너무나 귀엽거든요.

놀이터에서 동생과 놀고 있던 형은 동생에게 비밀스럽게 말합니다. "사실 너는 부모님이 만든 로봇이야"라고요. 그러고는 지금 에너지가 떨어져가고 있으니 에너지를 충전해야 한다고 말합니다. 에너지 충전을 이유로 놀이기구를 실컷 타고, 동생더러 자신이 찬 공을 빨리 달려가 주워 오게도 합니다. 심지어는 동생이 가진 용돈을 털어 붕어빵도 사 먹습니다. 이 장면에서 아이들은 웃으며 "와, 형이 이러려고 그랬네!" "형의 검은 속내가 여기서 드러나네!" 하고 말합니다. 순진하게 당하고 있는 동생을 안타깝게 바라보며 웃음 짓습니다.

여기에도 역시 우리가 배운 에너지가 숨어 있습니다. 바로 화학에너지입니다. 먹어야 또 힘을 내서 함께 놀 수 있을 테니까요. 집에 가는 길, 넘어진 동생을 보며 형은 에너지가 떨어져서 그렇다며 동생을 업어주는 '형아미'를 풍기기도 합니다. 목욕하자는 엄마의 말에 동생이 내뱉는 귀여운 한마디는 책을 덮는 우리에게 웃음을 주지요. 뭐라고 했을까요? 즐거운 상상을 펼쳐보세요.

책을 읽고 난 뒤에는 아이들에게 에너지와 관련된 간단한 질문을 던져봅니다.

"얘들아, 혹시 책에서 우리가 배운 위치에너지의 사용 예시를 발견했니?"

"운동에너지의 예시도 찾아볼까?"

"동생이랑 붕어빵 먹는 장면에서는 어떤 에너지가 사용됐을까?"

그러나 우리가 일상을 살아가는 데에는 앞서 다룬 에너지들만큼이나 행복하게 살아가기 위한 행복에너지도 중요합니다. 그렇기에 아이들에게 에너지를 충전하는 너희만의 방법이 있냐고 물었더니 이런 대답이 돌아왔습니다.

"잘 때요, 맛있는 거 먹을 때요, 아무것도 안 하고 쉴 때요."

"그래. 먹고 쉬는 것도 좋지만, 선생님은 칭찬과 격려를 들었을 때도 에너지가 충전될 것 같고, 즐겁게 놀 때도 충전될 것 같아. 어때?"

"맞아요. 칭찬받으면 기분 좋아져서 다시 힘이 생겨요."

"당연히 놀 때는 즐거우니까 에너지가 올라오죠."

그래서 오늘은 스스로에게 힘이 되는 메시지로 에너지를 충전해보는 시간을 갖기로 합니다. 활동법은 이렇습니다. 먼저 공기 주입기를 이용해 풍선을 크게 부풀립니다. 그 풍선에는 네임펜을 이용해 자신에게 힘이 되는 메시지를 씁니다. 칭찬도 좋고 마음에 새길 수 있는 좋은 문구도 좋아요. 몇 개의 풍선을 만든 후 정전기를 이용해 자신의 몸에 풍선을 붙이는 겁니다. 혹은 친구에게 하고 싶은 메시지를 담아 친구 몸에 붙여줘도 좋습니다. 정전기란 마찰에 의해 생겨나 쉽게 이동하지 않는 전기를 말합니다. 풍선을 어떤 물체에 문지르면 두 물체 사이에 전자가 이동하게 되고, 전자를 받은 쪽은 음전기, 전자를 잃은 쪽은 양전기를 띠게 되지요. 서로 다른 전기끼리는 끌어당기는 힘이 생기기 때문에 풍선을 제 몸에 붙여 둘 수 있습니다.

> 잘했고, 잘하고 있고 잘할 거야
>
> 실패해도 괜찮아. 잘하고 있어

아이들이 쓴 문장들

하지만 수업은 생각처럼 흘러가지 않았습니다. 온몸에 풍선을 주렁주렁 매다는 것이 원래 계획이었는데, 날씨가 흐려 습도가 높아서인지, 정전기 예방 섬유유연제의 효과가 좋아서인지 생각보다 풍선이 몸에 잘 붙지 않았습니다. 그래도 아이들은 정전기가 나는 곳을 찾아내고야 맙니다. 바로 머리카락입니다. 머리 위로 주렁주렁 풍선을 매달았거든요.

수업이 계획대로 흘러가지는 않았지만, 목표에는 도달한 것 같습니다. 애초의 목표가 아이들의 에너지를 충전해주는 것이었으니까요. 정전기를 내기 위해 풍선을 비비고 비비는 아이들의 표정에서 행복에너지를 맘껏 느낄 수 있습니다. 깔깔 웃는 아이들의 모습에 자유롭게 풍선을 가지고 놀 수 있는 시간도 내어줍니다. 아이들에게는 놀이만큼 즐거운 에너지를 채워주는 것이 없으니까요.

◆ 함께 질문을 나눠요

*주제: 힘과 에너지

과학 질문	- 정전기의 원리는 무엇일까? - 배터리는 어떤 원리로 에너지를 내는 걸까? - 전기 자동차는 어떤 원리로 움직이는 걸까?
가치 질문	- 너만의 에너지 충전 방식은 무엇이니? - 친구들에게 행복에너지를 전하기 위한 방법은 무엇이 있을까?

조금 더 나누고 싶은 이야기

에너지는 일을 하는 능력을 통틀어 이르는 말입니다. 쉽게 말해 힘을 얼마나 멀리 가할 수 있냐는 것이지요. 열에너지, 전기에너지, 빛에너지, 소리에너지 등 에너지의 종류도 굉장히 다양합니다.

이러한 에너지들의 중요한 성질은, 바로 다른 에너지로 전환될 수 있다는 것입니다. 예를 들어, 공을 공중에서 떨어뜨리면 위치에너지가 점점 운동에너지로 바뀌게 되고, 운동에너지가 늘었기 때문에 속도도 점점 빨라지지요. 풍력발전기로 모터를 돌렸을 때 전기가 생기는 것도 운동에너지가 전기에너지로 전환된 예입니다. 우리가 유용하게 사용하는 전기나 열과 같은 에너지들은 운동에너지나 화학에너지처럼 주변에서 얻기 쉬운 것을 전환해 얻습니다.

우리 삶에서도 어려운 일을 마주했을 때 그 일을 해낼 수 있는 능력을 에너지라고 표현합니다. 이 에너지도 물리학의 에너지처럼 전환될 수 있다고 봐요. 우리가 여러 여가 활동을 통해 소진되었던 에너지를 다시 충전하는 것처럼요.

그런데 여기에는 재미있는 점이 하나 있습니다. 에너지

전환 과정에서 열에너지가 많이 생길수록 그 효율은 떨어진다는 사실이에요. 열에너지가 많이 생성될수록 다른 에너지로의 전환은 적게 일어날 테니까요. 이런 손실 때문에 티브이를 오래 틀어두면 뜨거워지고, 마찰을 심하게 일으키면 온도가 올라가게 되는 것이고요.

   일상에서도 똑같습니다. 효율 좋은 에너지를 만들어내려면 열 받는 상황에서 벗어나야 해요.

   언제나 자신이 좋아하는 행복한 것에 귀를 기울이며, 끓어오르는 감정을 시원하게 식힐 수 있는 나만의 방법을 찾아보세요. 우리가 인상을 쓰고, 화나는 마음으로 일을 대할 때보다는 행복과 긍정의 마음으로 일을 대할 때 고효율의 에너지를 얻게 될 거예요.

물질

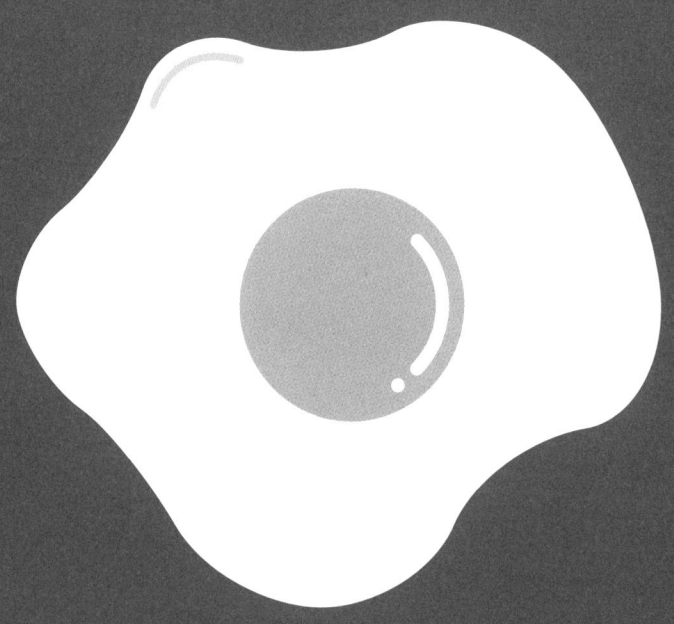

물질 1

마법 같은 변화의 순간

『앗, 바뀌었어!』
(박정선 글, 장경혜 그림,
비룡소, 2014)

주변에서 쉽게 볼 수 있는 다양한 물질들이 열과 압력에 의해 어떻게 변화하는지를 알려주는 과학 그림책이다. 물질의 변화 현상을 직관적으로 관찰할 수 있도록 사진으로 장면이 구성되어 있다. 물질의 변화 과정을 통해, 물질로 이루어진 인간 또한 변할 수 있다는 생각을 갖게 한다.

"프라이를 할 때, 투명했던 달걀이 점점
익어가며 색깔과 모습이 변하는 걸 보면
꼭 아이들을 보는 것 같아. 천진난만했던
아이들이 어느새 멋진 모습으로 자라나
사회 곳곳에서 제 역할을 하고 있으니까."

"그런 변화를 보다 보면, 대부분의 물질의
변화는 비가역적이라는 사실이 떠올라요.
다시 되돌릴 수 없다는 뜻이죠.
하지만 되돌릴 수 없다고 그 변화를
두려워하지 않았으면 해요.
변화는 생명의 본질이잖아요."

"Life is egg."

　삶은 달걀과 토스트로 간단히 아침을 차리고 있는 제 뒤로 남편이 실없는 소리를 하며 지나갑니다. 절대 웃어주지 않겠다며 입을 삐죽거리다, 불현듯 달걀이 정말 삶의 모습과 닮았다는 생각이 스치더군요. 세게 쥐면 부서져버리고 반듯하게 굴러가지도 못하지만, 그 속에는 누구도 무시할 수 없는 영양분이 가득 담겨 있으니까요. 아니, 부서진 껍질 덕에 더 멋진 요리가 되었으니 부서지는 것도 두려워할 필요가 없겠습니다.

　물질의 변화에 대해 배울 때 아이들과 이런 이야기들을 들려주면 좋겠다는 생각이 들었습니다. 날달걀이 훌륭한 요리가 되듯, 멋지게 성장할 아이들의 미래를 생각하면서요. 달걀의 변화뿐 아니라 식탁에서 볼 수 있는 다양한 물질의 변화를 알려주는 그림책이 있습니다. 바로 『앗, 바뀌었어!』입니다. 따뜻한 밥 위에 올린 버터가 녹아내리고, 딱딱한 껌이 씹을수록 말랑해지고, 옥수수 알갱이가 팝콘이 되기도 하는 일상 속 다양한 물질의 변화가 담백하면서도 직관적으로 담겨 있거든요. 형태가 변하더라도 자신의 성질을 그대로 갖고 있는 '물리적 변화'와 형태와 성질이 전혀 다른 모습으로 변하는 '화학적 변화'를 눈으로 익히며 물질의 기본 성질을 탐구하기에 좋은 책입니다.

책을 읽고 아이들에게 묻습니다.

"물질이라는 것은 물체를 이루는 재료로서, 부피와 질량을 가지고 있으며 공간을 차지하는 것들을 말해. 모두 각각 고유한 성질을 가지고 있지. 그렇다면 공기는 물질일까?"

"물질이에요!"

"맞아. 공기도 물질이야. 풍선을 불 때 공기가 풍선 안의 공간을 차지하는 것을 알 수 있잖아. 무게도 느낄 수 있고 말이야. 그림책에는 달걀, 버터, 껌, 옥수수와 같은 여러 가지 물질이 열과 압력에 의해 형태와 성질이 바뀌는 과정이 담겨 있어. 그런 현상이 꼭 너희들을 보는 것 같았어."

"맞아요. 친구와 싸우면 저도 찰흙처럼 딱딱하게 굳어져요."

"저도 학원 갔다가 집에 갔을 때 엄마가 차려준 맛있는 밥을 만나면 버터처럼 사르르 녹아요."

"옥수수 알갱이가 열을 견디면 훨씬 맛있는 음식으로 변하잖아. 선생님은 그게 성장으로 보였어. 너희들도 멋지게 성장하기 위해서 무언가를 참고 견디고 있을 거야. 어떤 자극이나 계기가 너희들을 성장시키고 있는 것 같니?"

아이들의 대답에서 꾸지람과 성취감이라는 상반된 두 이야기가 흥미롭게 들렸습니다. 한 아이는 영어 과외 선생님에게 혼나고 우는 동안 성장을 한 것 같다고 했어요. 요즘 이 핑

계 저 핑계로 나태하게 살았는데 크게 혼나고서야 현실을 깨닫고 미래를 위해 좀 더 열심히 살아야겠다는 의지가 되살아났다고요. 반면 다른 아이는 발표를 너무 싫어하고 부끄러워했었는데, 공개수업 날 그 긴장감을 이겨내고 멋지게 발표한 뒤 느꼈던 성취감이 짜릿했다고 했습니다.

책을 다 읽은 후에는 아이들과 책 속 다양한 물질의 변화 중 하나를 골라 간단한 실험도 합니다. 바로 팝콘 만들기 실험이지요. 아이들은 들떠 소리를 질러댑니다. 하지만 아무리 작은 촛불이라도 불을 사용해야 하는 만큼 위험을 간과해서는 안 됩니다. 안전교육으로 마음을 차분히 가라앉힌 후 이야기를 이어갑니다.

"애들아, 이 작은 촛불로 우리가 변화시킬 수 있는 것은 무척 많단다. 오늘은 촛불이 내는 열을 이용해 옥수수 알갱이를 팝콘으로 만들어볼 거야. 팝콘용 옥수수에는 대략 13~14% 정도의 수분이 포함되어 있는데, 옥수수에 열을 가하면 딱딱한 겉면 안쪽의 수분이 수증기로 변하면서 팽창해 내부 압력이 증가하게 돼. 하지만 옥수

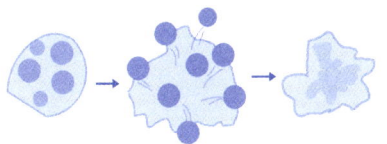

옥수수가 팝콘이 되는 과정

수 겉면이 너무 단단해서 수증기가 쉽게 빠져나갈 수가 없어. 그러다 점점 높아지는 내부 압력을 견디지 못해 그만 터지게 되는 거지. 옥수수 내부에서 끓었던 전분과 단백질이 바깥쪽의 공기와 접촉하면서 순식간에 굳어 안과 밖이 뒤집힌 모양의 팝콘이 되는 거야."

옥수수가 팝콘이 되는 원리를 설명한 후에는 그것을 몸소 체험해봅니다. 그 과정은 다음과 같습니다.

은박컵에 옥수수알, 소금, 식용유를 넣고 잘 섞은 후, 긴 나무 꼬치 두 개를 사진과 같이 꽂습니다.

잘라놓은 은박지로 뚜껑을 닫습니다. 열을 가두는 역할도 하지만 완성된 팝콘이 튀는 것을 방지합니다.

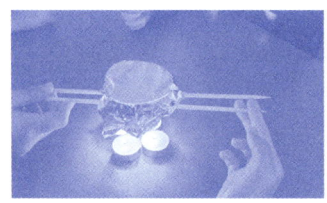

티라이트 캔들에 불을 붙이고 적당한 거리를 두며 열을 가합니다. 타닥타닥 소리가 들리다가 점점 잦아들면 때가 된 것입니다.

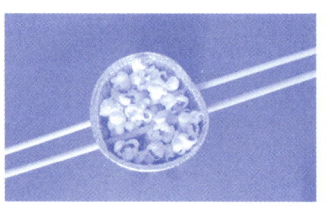

꼬치를 잡고 옆으로 흔들어보며 찰랑찰랑 소리가 나지 않는지 확인한 후 뚜껑을 열어 완성된 팝콘을 먹습니다.

실험을 마친 뒤 교실은 고소하고 맛있는 냄새로 가득해지고, 아이들 얼굴에는 행복한 웃음이 가득합니다. 또 입안에는 따뜻한 팝콘이 가득했지요. 맛있게 팝콘을 먹고 있는 아이들에게 묻습니다.

"얘들아, 옥수수 알갱이가 열과 압력을 통해 팝콘으로 변신한 것처럼, 너희들도 언젠가 멋진 변화의 순간을 맞이할 거야. 팝콘이 튀어오르며 막대에 전해지던 진동의 짜릿함, 모두 느꼈지? 선생님도 너희가 앞으로 겪을 놀라운 변화를 지켜보며 오늘 같은 짜릿한 설렘을 느낄 것 같아. 팝콘 실험을 떠올리며, 너희들의 설레는 성장 이야기를 시로 한번 표현해보자."

팡팡

옥수수처럼 튀어올라 세상을 볼 거야

작은 옥수수 알갱이가 맛이 있는 것처럼

우리도 작지만 특별함이 있어

틀려도 괜찮아

실수해도 괜찮아

무서워도 할 수 있어

옥수수가 팝콘으로 변신하듯

우리도 멋지게 성장할 거야

아이들이 성장하며 변화를 겪을 수 있는 것은 모두 튀어오를 준비를 마친 빛나는 양분들이 속에 가득했기 때문이겠지요. 저마다의 멋진 성장을 위해 더 짙은 내면의 채울 수 있도록 노력하는 아이들의 걸음걸음을 응원합니다.

◆ 함께 질문을 나눠요

* 주제: 물질의 변화

과학 질문	- 물리적 변화와 화학적 변화는 어떤 차이가 있을까? - 일상에서 볼 수 있는 물리적 변화에는 어떤 것들이 있을까? - 일상에서 볼 수 있는 화학적 변화에는 어떤 것들이 있을까?
가치 질문	- 너의 변화와 성장을 일으킨 사건과 계기는 무엇이 있니? - 멋진 변화를 위해 내면에서 키우고 있는 강점으로는 어떤 것들이 있니? - 언젠가 변화를 맞게 될 미래의 너에게 하고 싶은 말은 무엇이니?

조금 더 나누고 싶은 이야기

대부분의 물질 변화는 비가역적입니다. 다시 되돌릴 수 없다는 뜻이지요. 우리는 튀긴 팝콘을 다시 옥수수로 되돌릴 수 없고, 깨진 유리잔을 다시 깨지기 전으로 되돌릴 수 없습니다. 나이가 들면서 변한 외모를 다시 젊어지게 할 수 없는 것도 모든 변화가 비가역적이기 때문입니다. 수많은 원자의 집합으로 이루어진 인간은 그 몸뿐만 아니라 정신도 서서히 변해가죠. 다시 돌아갈 수 없는 변화가 계속해서 진행되고 있는 것입니다.

때로는 이런 비가역적 변화가 우리를 두렵게 만듭니다. 자신의 선택이 잘못된 것은 아닌지 걱정하거나, 성공한 선택이라 하더라도 그 선택으로 인해 잃게 되는 것들을 아쉬워하곤 하죠.

그러나 변화는 생명의 본질입니다. 생명은 변해야만 존재할 수 있으니까요. 생명은 순간순간 모든 것을 바꿔놓을 선택을 하면서 진화합니다. 세포는 분열과 사멸을 반복하며 생명을 유지하고, 생명체는 환경 변화에 따른 생리적, 구조적, 행동적 변화를 겪으며 적응을 이어나가지요.

만약 삶이 언제든 되돌릴 수 있는 비디오처럼 편집이

가능하다면, 우리는 진정으로 자유롭게 살아갈 수 있을까요? 되돌릴 수 없기에 우리는 매 순간 중요한 결정을 내리고, 그 결정에 책임을 짐으로써 비로소 진정한 자유를 얻곤 합니다.

   되돌릴 수 없는 갈등을 겪으며 정해진 것이 아무것도 없는 미래를 향해 나아가는 이야기는 나비가 된 애벌레의 이야기처럼 극적입니다. 애벌레는 나비가 되기 위해 모든 것을 바꾸니까요. 변화란 그 자체만으로 충분히 의미가 있습니다. 그러니 여러분들은 실패나 변화를 두려워하지 않았으면 좋겠습니다.

물질 2

빛나는 가치와 선택

『나는 연기다』
(헨리 헤르츠 글, 메르세 로페스 그림, 황지현 옮김, 우리동네책공장, 2023)

이산화탄소와 수증기, 그리고 재가 소용돌이치는 안개 속에서 태어난 연기가 자신의 이야기를 들려주는 내용의 그림책이다. 누군가에게는 독이 되고, 누군가에게는 득이 되는 연기의 다면적인 모습을 보며 관점의 차이에 따른 가치의 변화를 생각해볼 수 있다.

"연탄은 참 아이러니해요. 때론 사람을
죽음에 이르게 하는 위협적인 존재이기도
하고, 때론 넉넉지 않은 가정에 따듯한
온기를 나눠주는 배려의 존재이기도
하니까요."

                        "맞아, 세상은 참 다면적인 것 같아."

"이런 다면적인 세상에 절대적인 평가는
없다고 생각해요. 그러니 상대적인 타인의
평가에 휘둘리지 않고, 자신이 선택한
삶의 태도를 믿고 꾸준히 실천하는 것이
더 의미 있지 않을까요?"

"어머. 맛있는 냄새. 엄마가 세상에서 제일 좋아하는 숯불갈비 냄새야."

반가운 냄새의 근원지를 찾아 이리저리 고개를 돌리다 연기로 가득 메운 한 고깃집을 발견하고 들뜬 눈빛으로 입맛을 다셨습니다. 옆에 있던 아들은 숯불고기를 즐겨 먹는 제가 걱정되었는지 그 고깃집을 쳐다보며 말했습니다. 고기를 굽는 연기 안에는 벤조피렌과 같은 나쁜 성분들이 많아서 연기가 가득 찬 가게는 피하는 것이 좋겠다고 말이지요. 고기는 숯불향이 그득하게 베어야 제맛인데, 그 맛을 도와주는 연기는 우리의 호흡기에 악영향을 끼친다고 하니, 선과 악이 맞닿아 있다던 데미안 책의 주제가 떠오릅니다.

하지만 이런 성질은 연기만이 가진 것이 아닙니다. 세상에는 다면적인 사건들이 무수히 많죠. 그러니 우리는 이처럼 복잡하고 다양한 상황 속에서 자신만의 가치와 기준으로 판단하는 힘을 길러야 합니다. 얇은 그림책이지만 그 안에 담긴 철학적 교훈은 데미안 못지않은 『나는 연기다』를 통해 그 이야기를 나눠보려 합니다. 제재가 연기인 만큼 연소에 대한 주제를 배울 때 이 그림책을 활용한다면, 연소의 산물에 대한 이해와 함께 아이들의 마음속에 자신만의 가치와 선택을 위한 작은 씨앗 하나도 심어줄 수 있을 것입니다.

먼저, 개념 정리를 위해 아이들에게 연소란 무엇인지(물질이 산소와 반응하면서 빛과 열을 내는 화학 반응), 연소의 조건은 무엇인지(탈 수 있는 물질, 산소, 발화점 이상의 온도), 연소 생성물로는 무엇이 있는지(재, 연기, 이산화탄소 등) 간단히 질문합니다.

그런 뒤 그림책을 깊이 살펴봅니다. 책 속에는 연기의 구성 성분에 대한 과학적 사실뿐 아니라, 다양한 방식으로 연기가 사용된 흥미로운 사실도 담겨 있습니다. 수백 년 전에는 인디언들이 연기를 이용해 호박씨를 싹틔웠고, 고대 그리스인들은 해충을 쫓는 데 활용했으며, 약초를 태운 연기로 아픈 사람들을 치유했다고 말이죠. 아름다운 그림체와 문학적인 표현도 눈에 띕니다. 이상하게도 페이지마다 펼쳐지는 연기의 모습은 아름다우면서 또 위험하게 느껴졌습니다. 아이들도 저와 비슷한 반응을 보이더군요. 화재사보다 질식사가 많을 정도로 연기는 무섭고 위험한 줄만 알았는데 이로운 점이 많은 것이 신기하다고요. 연기가 몽환적이고 아릅답게 표현되긴 했지만, 어떤 장면에서는 오히려 스산스럽게 느껴져서 무서웠다는 반응 또한 있었습니다. 이렇듯 연기는 수많은 상황 속에서 다양한 가치로 비춰졌습니다.

사물이나 현상의 의미와 가치는 어떤 상황에 처했는지에 따라 달라질 수 있습니다. 정의란 고정된 개념이 아니라, 상황과 맥락에 따라 달리 해석될 수 있는 복합적인 개념이거든요. 연기가 이로움과 해로움이라는 상반되는 요소를 동시에 품고 있는 것처럼, 우리가 무엇을 정의롭다고 판단할 때에는 단순히 옳고 그름을 나누는 것이 아니라 자신만의 가치로 그 상황을 판단할 수 있어야 합니다. 아이들에게 그런 가치 판단의 상황을 경험시켜주기 위해 그림 카드 한 장을 보여주고 물었습니다. "네가 이 상황 속의 게라면 어떤 선택을 하겠니?"라고요.

"거미줄에 무당벌레 한 마리가 걸려 있어. 당장 숨이 넘어갈 듯 힘들어하는 무당벌레 뒤로는 거미가 달려오고 있지. 그러나 자세히 보니 거미는 새끼 거

그림 카드 예시

미를 주렁주렁 거느린 어미 거미였어. 게다가 몹시 굶주린 상태이기에 오늘의 먹잇감마저 사라지면 아이들과 자신의 삶이 유지되기가 힘들어질지도 몰라. 너희라면 집게발로 거미줄을 끊고 무당벌레를 구해줄 거니? 아니면, 굶주린 거미를 위해 모른 체할 거니?"

아이들은 좀처럼 선택하지 못하고 힘들어하기만 합니다. 그렇게 한숨만 새어나오던 시간을 깨고 어렵게 한 아이가 입을 뗍니다. 그 발언이 물꼬가 되어 어느새 모두가 자신의 의

견을 이야기했지요.

"저는 무당벌레를 구할 것입니다. 소중한 생명이기 때문입니다."

"거미도 소중한 생명인 건 마찬가지입니다. 무당벌레 한 마리의 희생으로 거미의 다섯 식구를 살릴 수 있다면 그게 더 가치 있는 일이라고 생각합니다."

"생명의 가치를 숫자로 매길 수는 없습니다. 하나의 생명도 다섯의 생명만큼 소중합니다. 어차피 거미는 죽은 곤충을 먹습니다. 그러므로 아직 살아 있는 무당벌레를 살리고 죽어 있는 다른 곤충을 잡아다 주는 것이 낫습니다."

"당장 끼니를 해결하지 못하면 거미의 삶이 힘들 수도 있다고 했습니다. 그런데 죽어 있는 곤충을 쉽게 찾을 수 있다는 보장이 어디 있습니까? 먹고 먹히는 관계는 포식자들에게 자연스러운 것입니다. 따라서 순리대로 두는 것이 좋을 것 같습니다."

"하지만 살려달라는 외침을 듣고 모른 체하기는 너무 힘들 것 같습니다. 내가 모른 체 지나가서 무당벌레가 죽었다는 사실은 평생 죄책감으로 남을 것 같습니다. 구해주지 않을 경우 무당벌레가 죽는 것은 분명한 일이지만, 거미는 그렇지 않습니다. 금방이라도 새로운 멋잇감이 날아들어와 거미줄에 걸릴 확률이 있습니다. 그러니 무당벌레를 구해야 합니다."

"새로운 먹잇감은 생명이 아닌가요? 눈앞의 생명을 살리려고 다른 누군가의 생명으로 대체하는 것도 옳지 않다고 생각합니다."

"새로운 먹잇감이 모기처럼 해충일 가능성이 있습니다. 해충은 우리에게 피해를 주기 때문에 먹잇감이 되어도 된다고 생각합니다."

"해충도 생명입니다. 그들에게도 가족이 있고 친구가 있을 것입니다. 우리에게 피해를 준다는 이유로 해충이라 구분하고 죽어 마땅하다고 판단할 수는 없습니다. 모두가 같은 가치를 가진 생명인 만큼 자연의 순리와 섭리를 따르는 것이 좋을 것 같습니다."

아이들의 서로 다른 선택 중 무엇이 옳고 그른지를 쉽게 판단할 수 있을까요? 결국 중요한 것은, 우리가 어떤 상황에 처했을 때 그 안에서 최선의 선택을 내릴 수 있는 힘을 기르는 것입니다. 이번 활동을 통해 아이들은 도저히 단정하기 어려운 상황에서 거미와 무당벌레 각각의 입장에 공감하고, 나름의 가치를 세우며 선택하는 경험을 했습니다. 각자의 선택에는 충분한 이유와 근거가 담겼고, 친구들과의 의견 나눔을 통해 다른 관점을 이해하고, 생명의 소중함도 깊이 생각해보는 시간이 되었습니다.

끝으로, 늘 옳은 생각과 바른 믿음으로 내면을 채워가길 바란다는 말과 함께 수업을 마무리합니다. 오늘처럼 힘든 결정을 해야 하는 날이 다시 찾아왔을 때, 스스로의 단단한 가치로 최선의 선택을 할 수 있도록요.

◆ 함께 질문을 나눠요

*주제: 물질의 변화

과학 질문	- 연소의 생성물에는 무엇이 있을까? - 완전연소와 불완전연소는 어떤 차이가 있을까? - 연소 속도를 조절하기 위한 방법은 무엇이 있을까?
가치 질문	- 불은 인간의 역사에 어떤 영향을 미쳤을까? - 자신의 인생에서 완전연소를 해본 경험이 있니? - 너라면 배고픈 거미와 살려달라고 도움을 요청하는 무당벌레 사이에서 어떤 선택을 할 거니?

조금 더 나누고 싶은 이야기

연기는 물질이 타면서 만들어지는 기체와 고체 입자의 혼합물입니다. 인류가 불을 발견한 이후로 연기는 늘 우리 삶과 함께였지요. 화재 현장에서 활활 타오르는 연기 속 이산화탄소와 일산화탄소는 산소 호흡을 막아 사람을 죽음으로 몰아넣기도 합니다. 재가 되어 연기에 뒤섞인 입자들을 지속적으로 들이마실 경우 폐암에 걸릴 수도 있고요.

그렇지만 연기가 항상 나쁜 것만은 아닙니다. 인류 문명 곳곳에서 많은 활약을 하고 있었거든요. 음식을 보존하기 위해 사용하는 훈연도 그 예이지요. 인간이 늙고 음식이 상하는 이유는 대개 산화 때문입니다. 산화는 분자가 산소를 얻거나 수소 혹은 전자를 잃는 것을 말하는데, 연기에는 항산화 역할을 하는 입자들이 섞여 있습니다. 항산화 물질은 에너지가 높은 형태의 산소인 활성 산소를 억제함으로써 산화가 일어나지 않도록 하는 것이지요. 즉, 연기를 쐰 음식이 상하지 않는 것은 모두 이러한 항산화 작용 덕분입니다.

이처럼 때로는 이로움을, 때로는 해로움을 주는 연기의 아이러니한 속성은 우리로 하여금 옳고 그름에 대해 다시 한번 생각하게 만듭니다. 어떤 상황에서 누군가의 행동이 나쁜 결과로 이어졌지만, 다른 상황에서는 좋은 상황으로 이어질 수도 있다는 것이지요. 옳고 그름은 사물의 성질보다는 상황과 만나 생기는 결과에 가까운 것일지도 모릅니다.

우리는 많은 사람에게서 옳고 그름을 따지곤 합니다. 그러나 옳은 것, 선한 것은 나 혼자만을 생각해서는 이뤄낼 수 없는 것이지요. 같은 상황, 같은 모습이더라도 주변 상황에 따라서 얼마든지 그 평가가 바뀔 수 있으니까요. 연기가 그러듯이 말이죠. 타인에게 나쁜 평가를 받았다고 해서 나의 본질까지 흔들릴 필요는 없습니다.

옳고 그름의 여부가 우리가 놓인 상황과 맞물려 결정되듯이, 주변 상황은 나만큼이나 중요한 요소입니다. 그러니 우리가 믿는 선택과 가치가 진정으로 옳은 일로 이어지기 위해서는, 자기 자신뿐 아니라 우리의 상황도 잘 이해해야만 합니다.

과학과 사회

과학과 사회 1

#

『야광 시계의 비밀』
(하이진 글·그림, 북극곰, 2020)

라듐을 이용해 야광 시계를 제작하던 어린 여성 노동자들의 실화가 담긴 그림책이다. 라듐의 위험성에 대한 인식 부족으로 방사능 물질을 안전장치 없이 다루던 이들이 결국 하늘의 반짝이는 별이 되어 버린 이야기를 통해, 과학과 산업 발전이 가져올 수 있는 윤리적 문제와 어린 노동자의 권리에 대한 메시지를 전한다.

"퀴리 부인은 라듐의 초록빛을 너무 사랑해서 주머니에 넣고 다녔대요. 하지만 라듐 자체가 초록빛을 내는 건 아니었어요. 방사선이 주변 물질을 자극하여 발생한 빛이었죠."

"아름다운 빛이기도 하지만, 참혹한 그림자이기도 하구나."

"그 참혹함은 무지에서 비롯된 일이에요. 아무리 반짝이는 빛이라도 보지 못하면 어둠이 되듯, 모르는 채 지나친 위험은 언젠가 우리를 집어삼키고 말죠. 그러니 우리는 배우고 또 알려야만 해요."

"와, 예쁘다!"

반짝이는 초록빛 숫자판으로 이루어진 시계 그림을 보여주자 아이들이 일제히 외칩니다. 그러나 언뜻 예뻐 보이는 이 시계의 이면에는 우리가 미처 생각지도 못한 위험이 잔뜩 도사리고 있습니다. 어떤 위험일까요?

『야광 시계의 비밀』은 1917년, 미국의 '라듐 걸스' 이야기를 담고 있습니다. 20대의 젊은 여성들이 많이 일했다고 하여 지어진 이름입니다. 이들은 군용 시계에 야광 물질로 숫자나 장식을 그려넣는 일을 했는데요. 정교한 작업을 위해 붓을 뾰족하게 만들려고 야광 물질을 묻힌 붓을 입술 사이로 넣었다 빼는 경우가 많았습니다. 그 야광 물질이 바로 '라듐'이었습니다. 당시에는 라듐이 몸에 좋다는 잘못된 인식으로 우유에도 타 먹기도 했다고 합니다. 하지만 라듐은 우리가 알고 있는 방사능 물질이었습니다. 시간이 흐르며 이 소녀들은 뼈가 으스러지고 아래턱이 통째로 빠지는 등의 끔찍한 병에 걸렸고 안타까운 죽음을 맞기도 했습니다. 10년이 넘는 긴 싸움 끝에야 '라듐 걸스'는 산업재해 피해자로 인정을 받았지요.

그림책을 읽기 전, 아이들에게 이러한 배경 설명을 먼저 해주었습니다. 그래야 그림의 의미를 좀 더 깊이 파악할 수 있을 것 같았거든요. 처음 라듐 걸스라는 이름을 접한 아이들은 우스꽝스러운 아이돌 이름 같다며 웃기도 했습니다. 하지만 그들의 이야기를 알게 된 후에는 민망할 정도로 숙연한 모습을 보였지요.

"얘들아, 라듐이라는 원소에 관해 알고 있는 사실이 있니? 원자번호 88번인 라듐은 스스로 빛을 낸다는 뜻이래. 정형외과나 치과에서 엑스레이 사진을 찍을 때가 있지? 그 방사선이 바로 라듐에서 나오는 거야. 예전에는 형광물질을 만드는 데 많이 사용했다고 해. 한때는 방사능으로 암을 치료한 사례로 인해 만병통치약처럼 여겨지기도 했지. 하지만 대량의 방사능에 노출되면 대부분의 사람은 견디지 못할 정도의 아픔을 느낄 거야. 이 책은 라듐의 위험성을 미처 알지 못했던 그때의 이야기를 담고 있단다."

간단한 설명을 마친 후, 그림책으로 들어가봅니다. 야광 시계를 만드는 일을 하는 어린 동물들이 보입니다. 천진난만한 웃음을 지으며 작은 시계에 야광 물질을 칠하려고 연둣빛 붓끝을 입술 끝으로 뾰족하게 모읍니다. 그런 과정을 고슴도치 작업반장은 늘 곁에서 지켜봅니다. 그러다 동물들은 작업반장의 눈을 피해 숨바꼭질을 시작합니다. 낄낄 웃으며 장면 속 여기저기에 숨어 있습니다. 아이들은 숨은그림을 찾듯 숨어 있는 동물들을 찾으려고 눈을 바삐 움직입니다.

저는 그런 아이들과 다르게 또 다른 것이 눈에 들어옵니다. 바로 숨바꼭질하는 동안 계절이 변했다는 것입니다. 이는 고슴도치가 계절이 몇 번 바뀌도록 아이들을 찾지 못했다는 것을 의미하는 것만 같았습니다. 게다가 동물 친구들이 숨바꼭질하는 장면의 배경은 후쿠시마 원자력 발전소 사고 등의 산업재해가 일어났던 곳이지요. 일하지 않고 어디에 숨었냐고 투덜거리던 고슴도치 작업반장은 결국 그들을 찾기 위해 불을 끕니다. 깜깜한 어둠 속에서 동물들을 찾는 일이 더 쉽기 때문입니다. 왜 그럴까요? 불을 끄자 동물들의 몸이 온통 초록빛으로 빛났기 때문입니다. 귀여운 동물들을 가득 채운 그 초록빛이 더욱 마음을 아프게 했습니다. 결국 그 초록빛 몸뚱이가 점점 떠오르더니 밤하늘의 별이 되며 이야기는 끝이 납니다.

이야기 속에서 동물 친구들이 작업반장의 눈을 피해 숨바꼭질을 시작했다는 것은 당시 노동의 강도가 높았다는 것을 뜻합니다. 그 속에는 10대의 어린 소녀들도 있었고요. 늘 감시받는 어린 노동자들. 그 아이들은 어떤 권리들을 보장받지 못하고 있었을까요?

책을 함께 읽은 후에는 아동 인권에 대해 공부하는 시간을 갖습니다. 아동 인권을 지키기 위한 조항으로는 어떤 것들이 있고, 그것에는 또 어떤 의미가 담겨 있는지 다음과 같은 유엔아동권리협약 조항을 통해 살펴봅니다. 그런 뒤 라듐 걸스에게 필요한 권리를 찾아보자고 이야기합니다.

유엔아동권리협약	
1조-아동의 범위	21조-입양
2조-차별 금지	22조-난민 아동 보호
3조-아동 이익 최우선	23조-장애 아동 보호
4조-국가의 역할	24조-건강의 권리
5조-부모님의 지도	25조-시설 아동 조사
6조-생존권과 발달권	26조-사회보장제도
7조-이름과 국적	27조-기본적인 생활 수준
8조-신분이 지켜질 권리	28조-교육받을 권리
9조-부모님과 함께 살 권리	29조-교육의 목적
10조-가족과의 재결합	30조-소수 아동 보호
11조-불법 해외 이송 반대	31조-여가와 놀이의 권리
12조-아동 의견 존중	32조-아동 노동으로부터 보호
13조-표현의 자유	33조-해로운 약물로부터 보호
14조-양심과 종교의 자유	34조-성 착취로부터 보호
15조-참여의 자유	35조-인신매매와 유괴로부터 보호
16조-사생활 보호	36조-모든 착취로부터 보호
17조-유익한 정보 얻기	37조-범죄를 저지른 아동의 보호
18조-부모님의 책임	38조-전쟁으로부터 보호
19조-폭력과 학대	39조-상처입은 아동 보호
20조-부모님이 보호하지 못하는 아동	40조-공정한 재판과 대우

아이들이 라듐 걸스에게 필요한 권리라고 이야기한 것들

은 다음과 같습니다.

> **4조-국가의 역할**
> 국가는 아동의 권리를 실현하기 위해 할 수 있는 모든 노력을 해야 하지만, 10년이 지난 후에야 산재로 인정받았다는 것은 노력의 여부가 의심되는 부분입니다.

> **17조-유익한 정보 얻기**
> 아동은 다양한 매체를 통해 유익한 정보를 얻을 수 있어야 하고 국가는 유해한 정보로부터 아동을 보호해야 한다는 조항이지만, 라듐에 대한 잘못된 상식으로 라듐 걸스가 방사능을 얼굴에 바르고 먹고 마시도록 두었습니다.

> **24조-건강의 권리**
> 아동은 건강하게 자랄 권리가 있으며 아플 때는 치료를 받고 안전한 환경에서 생활할 수 있어야 한다는 조항이지만, 라듐 걸스는 안전교육과 안전장치 없이 위험한 일을 해왔습니다.

> **32조-아동 노동으로부터 보호**
> 아동은 위험하거나 교육에 방해되는 노동을 해서는 안 된다고 하는 조항인데 라듐 걸스에는 10대 소녀들도 포함되어 있기 때문에 이 권리가 보장받지 못했다고 생각합니다.

> 33조-해로운 약물로부터 보호
> 아동은 해로운 약물로부터 보호받아야 하며, 이를 만들거나 판매하는 행위에 아동이 이용해서는 안 된다고 했지만 위 사항이 지켜지지 못했습니다.

무지에서 비롯된 참혹함을 피하기 위해, 우리는 끊임없이 배우며 성장해야 합니다. 이번 활동을 통해 아이들은 세상에는 아동을 위한 권리 조항이 마련되어 있다는 점, 또 모든 아동은 차별받지 않고 존중받아야 할 존재라는 사실을 인식하게 되었습니다. 알리고, 깨닫고, 가르치고, 배우며 더 나은 세상을 위해 함께 노력해야 할 책임이 있음을 배우는 시간이었습니다.

◆ 함께 질문을 나눠요

* 주제: 과학과 안전, 지속 가능한 사회

과학 질문	- 방사능은 어떤 장점과 단점을 갖고 있을까? - 라듐의 피해 사례로는 어떤 것이 있을까? - 라듐을 대신할 수 있는 형광물질로는 무엇이 있을까?
가치 질문	- 라듐 걸스가 보장받지 못한 아동 인권 조항으로는 무엇이 있을까? - 별이 된 라듐 걸스를 위해 별자리를 만든다면 어떤 별자리가 좋을까? 그 이유도 말해줄래? - 방사능을 다루는 과학자가 가져야 할 태도는 무엇일까?

조금 더 나누고 싶은 이야기

어릴 적 천장에 붙어 있던 야광별에 대한 추억이 있나요? 현대의 야광 스티커는 다이페닐옥살레이트와 과산화수소를 이용하는 경우가 많은데요. 20세기 초반만 해도 야광 상품에 대한 다양한 시도가 있었지만, 오늘날처럼 복잡하고 안전한 화학물질을 사용하지는 않았어요. 더 쉽고 직관적인 물질을 사용했지요. 바로 라듐입니다. 원자번호 88번인 라듐은 빛을 발산한다는 뜻을 갖고 있어요. 어둠에서 빛을 뿜어내는 라듐은 당시의 최고 인기 야광 도료였으며, 암의 치료에도 효과를 보여 선풍적인 인기를 끌었다고 해요.

하지만 과학에는 정말 중요한 성질이 있습니다. 그건 바로 '공짜란 없다'죠. 에너지는 가만히 있는 존재에게 저절로 주어지지 않거든요. 에너지는 반응이 동반될 때 비로소 전환되어 나타납니다. 우리가 사용하는 핫팩이 그 예이지요. 가만히 있는 핫팩은 열에너지를 낼 수 없고 핫팩 안의 철이 산소와 반응함으로써 화학에너지가 열에너지로 전환되는 것이지요.

그렇다면 이상하죠? 라듐은 어떻게 스스로 빛이라는 강력한 에너지를 만들어낼 수 있었을까요? 라듐과 같이 무거운 원소는 스스로 반응하여 다른 원소로 변하게 되고,

그 과정에서 강한 전파를 쏘아내요. 이 전파의 일부가 우리 눈에 빛으로 나타나는 것이죠. 이 강력한 에너지는 그 명암이 분명했습니다. 라듐은 암 치료와 영상의학의 포문을 열기도 했지만, 지속적으로 노출될 경우 세포를 파괴하고 인간을 죽음으로 몰아갈 수도 있었지요. 퀴리 부부가 라듐을 발견하고 방사선의 위험성을 고발하기까지, 사람들에게 꿈과 희망을 주던 야광별 라듐은 아무도 모르는 새에 많은 삶을 파괴하고 있었습니다.

라듐의 발견자 피에르 퀴리는 이런 말을 했어요.

"라듐은 방사선이 나오기 때문에 범죄자들이 사용하면 위험합니다. 그래서 우리는 스스로에게 물어봐야 합니다. 자연의 비밀을 알게 되어서 어떤 이익이 있을까요? 자연의 비밀을 안다고 해도 그것을 제대로 이용할 수 있을 만큼 인간은 성숙한가요?"

그는 과학기술의 발전에 인문학적 고찰이 결여될 경우 일어날 수 있는 끔찍한 결과를 지적하고 있습니다. 이윤보다 생명을 소중히 여기는 정신이 인류에게 깃들지 않는 이상, 앞으로 위험한 사고가 더 일어나지 않으리라는 보장도 없습니다. 과학으로 둘러싸인 사회가 인간의 유토피아가 되려면, 인간에게도 인문학적 성숙의 책임이 있다는 것을 잊지 말아야 합니다.

과학과 사회 2

붉은 진실

『붉은신』
(오승민 글·그림, 만만한책방, 2022)

동물실험의 윤리적 문제를 다룬 그림책으로, 유전자 변형으로 일그러지고 철창에 갇혀 검은 눈물을 흘리는 동물들의 고통을 그린다. 이 이야기는 독자들에게 생명존중의 가치를 전하며 과연 이들을 구할 인물은 누구인지 되묻는다.

"동물실험 이야기는 볼 때마다 가슴이
아프고 안타까워. 필요한 건 알겠지만,
멈출 수는 없을까?"

"인간은 작고, 인간의 생각은 더욱
미미해요. 하지만 작고 미미하다고 해서
의미 없는 것은 아니죠. 이 사소한 생각이
변화의 첫걸음이거든요. 지금 세상에서는
작은 생각들이 모여 수많은 변화를
일으키고 있어요. 당장 동물실험을 완전히
멈추지는 못하겠지만, 그 무게를 잊지 않고
꾸준히 책임감을 가져야 해요."

2차 세계대전 당시 실제로 이루어진 인간 대상의 생체 실험, 다들 한번쯤 들어보셨죠? 이는 중국인, 러시아인, 한국인 등에게 일본군이 행한 마루타 실험을 말합니다. 실험 대상자들을 마치 나무통처럼 취급했다고 하여 붙여진 이름이지요. 그 끔찍하고 잔인한 사실을 처음 접했을 때, 저는 두려움과 충격을 느꼈습니다. 하지만 그것은 특정한 사람들의 극단적인 악행일 뿐이라고 생각했죠. 마스카라의 안전성 실험을 위해 갇힌 토끼의 모습을 보기 전까지 말입니다. 작은 철장 속에서 고개만 내민 채 눈이 붉어질 때까지 실험에 이용되는 토끼를 보며, 저는 인간의 추악한 이기심에 놀라고 말았습니다. 그 모습은 특정한 누군가의 악마적 면모가 아닌 우리 모두가 경계해야 할 인간의 본성이었기 때문입니다.

우리는 세상의 주인이 아닙니다. 모두 똑같이 존중받아야 할 생명체입니다. 그렇기에 『붉은 신』을 읽으며 오로지 인간만을 위한 잔혹하고 끔찍한 동물실험에 대해 아이들과 이야기를 나눠보려 합니다.

먼저 표지를 볼까요? 작은 동물 한 마리가 붉은 노을을 받으며 창밖을 바라보고 있습니다. 이 동물이 누구일까요? 바로 주인공 생쥐 '꼬리끝'입니다. 몸이 약한 꼬리끝은 들판에 우뚝 선 하얀 건물에 가면 생명을 살리는 신이 있다는 할아비 쥐의 이야기를 듣고 길을 나섭니다. 죽음에서 삶으로 돌려보내주는 붉은 신. 바로 그 붉은 신을 찾으러 말이죠. 하지만 다른 생쥐들은 그 말을 믿고 떠나는 꼬리끝을 비웃었습니다. 어느 날 갑자기 나타난, 낯설고 이상한 냄새를 풍기는 데다 눈이 먼 하얀 생쥐인 할아비 쥐를 미치광이라고 생각했기 때문이지요.

붉은 신을 만나기 위해 들어간 하얀 건물에서 꼬리끝은 끔찍한 상황을 마주하게 됩니다. 개구리는 눈이 잔뜩 달린 채 익숙하지 않은 모습으로 변해 있었고, 작은 상자에 갇혀 고개만 내민 토끼는 검은 눈물을 흘리고 있지요. 일어서지를 못하는 개와 아파도 소리 내지 못하는 동물들이 방마다 가득 차 있었습니다.

토끼가 갇혀 있는 장면에서 잠시 읽기를 멈추고, 휴대전화를 꺼내 '토끼 실험'을 검색해보라고 했습니다. 그러자 아이들은 얼굴만 내민 채 작은 틀 안에 갇혀 있는 그림책 속의 장면과 똑같은 사진을 금세 발견합니다. "어떡해? 토끼가 너무 불쌍해" 하고 안타까움을 내보이기도 합니다.

꼬리끝은 생명을 살리는 붉은 신을 만나게 될 줄 알았지만, 예상과는 다른 상황에 지쳐가기만 합니다. 그러다 창밖에서 해가 질 무렵, 크고 붉은 햇빛이 어두웠던 공간까지 스며들자 드디어 깨닫습니다. 할아비 쥐가 말했던 붉은 신은 바로 바깥 세상의 태양이었다는 것을요. 붉은 신을 향해 달려가던 길목에서 꼬리끝은 또다시 날카로운 소리를 지르는 하얀 쥐들을 만나게 됩니다. 함께 나가자고 설득해봐도 그들은 일제히 소리칠 뿐입니다. 자신들은 갇힌 것이 아니라고, 자신들은 아픈 사람들을 살리기 위해 선택받은 위대한 실험 쥐라고, 자신들의 목숨값으로 받은 사료를 꼬리끝에게는 단 알도 주지 않을 거라고 말입니다. 빨간 눈과 날카로운 목소리로 "단 한 알도!"를 외치는 장면은 괴이하면서도 소름이 끼쳤습니다. 마치 제정신이 아닌 듯이 보이기도 했습니다.

"얘들아 새로운 약이 개발되는데 몇 년의 시간이 걸리는 줄 아니? 10~15년 정도래. 왜 이렇게 오래 걸릴까?"
"안전한지 검사하려고요?"
"그래. 인간이 복용했을 때 안전한지를 체크하기 위해 굉장히 오랜 시간 동안 대체 실험을 한단다. 이런 과정에서 실패하는 경우도 많고, 성공해서 시중에 나와도 부작용이 발견되는 경우가 많대. 그 과정에서 동물실험도 이루어져. 제약회사뿐만 아니라 훨씬 많은 분야에서 동물실험이 횡행되고 있는 것이 오늘날의 현실이야. 이번 시간에는 이러한 동물실험에 대해 친구들과 조사해볼 거야. 너희가 새롭게 알게 된 사실이나 생각들을 자유롭게 보고서 형태로 써 내면 돼."

'동물실험'이라는 대주제로 자유롭게 조사를 거친 뒤 해당 내용을 바탕으로 모둠 보고서를 만들라고 했더니 정말 다양한 내용이 나왔습니다. 덕분에 아이들은 다른 모둠의 조사 내용을 공유하며 더 많은 정보를 나눌 수 있었지요.

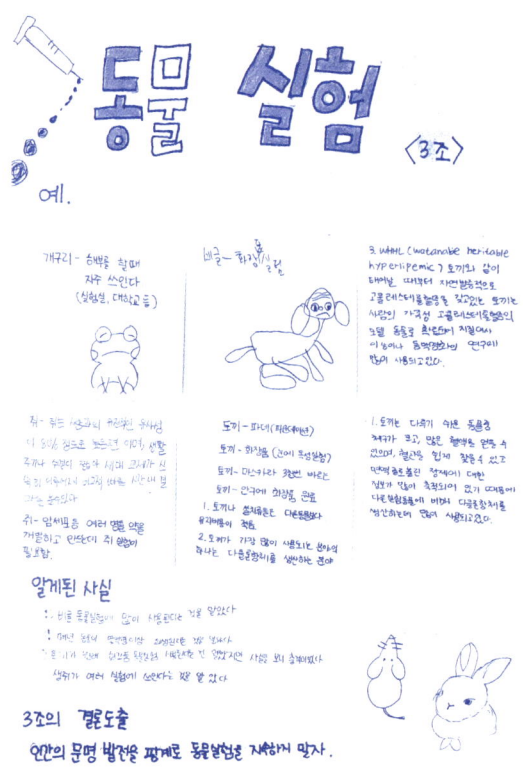

모둠 보고서 예시

조사 활동을 하면서 아이들은 토끼가 인간과 유사한 면역 반응을 보이기 때문에 항체 생성 연구와 안과 실험에 많이 이용되며, 비글이 순하고 인간을 잘 따른다는 이유로 동물실험에 많이 이용된다는 사실도 알게 되었습니다. 그리고 동물실험에 대해 이미 알고 있었던 친구들도 꽤나 있었습니다. 다만, 뚜렷한 해결 방법이 없는 상황에서 불편한 진실을 마주하고 싶지 않아 묻어둔 것이었지요. 그런 고민과 생각을 모둠 친구들과 나누는 장면은 무척 인상 깊기도 했습니다. 무턱대고 동물실험을 반대하기엔 오롯이 인간이 피해를 받을 것 같아서 안 될 것 같고, 그렇다고 동물실험을 찬성하기엔 생명을 함부로 하는 느낌이 들어서 안 될 것 같다며 한숨만 푹푹 쉬는 아이들이 눈에 띕니다.

　불편하더라도 우리는 진실을 마주해야 합니다. 그래야만 누군가는 이런 상황을 끊임없이 고민해나갈 것이고, 언젠가는 그 고민이 해결이라는 답에도 닿을 것이기 때문이지요. 실제 화장품 실험은 현재 많은 국가에서 금지하게 되었으니까요.

　책 속에서 탈출에 성공한 동물은 꼬리끝과 오랑우탄에 불과했습니다. 지금은 그 작은 성공이 전부겠지요. 그러나 이것이 이야기의 끝은 아닙니다. 요원하기만 한 미래를 외면하고 싶은 우리에게 오랑우탄이 한마디를 남기거든요.

　"저 밑에 아직 친구들이 있어."

우리의 사소한 실천이 모인다면 저 아래 남은 친구들을 구할 날도 반드시 오게 되리라 생각합니다.

◆ 함께 질문을 나눠요

*주제: 과학과 진로

과학 질문	- 왜 동물실험에 쥐를 많이 사용할까? - 동물실험을 대체할 수 있는 방법을 조사해보자. - 비건 제품에는 어떤 것들이 있을까?
가치 질문	- 내가 그림책 속 꼬리끝이었다면 어떻게 행동했을까? - 동물실험에 찬성하는 입장이니, 반대하는 입장이니? - 생명의 존엄성에 대한 너의 생각은 어떠니?

조금 더 나누고 싶은 이야기

현대사회는 100세 시대라는 말이 이상하지 않으리만큼 의학 기술이 발달했습니다. 작은 질병은 간단한 약으로 쉽게 치료할 수도 있고, 소화제나 감기약, 해열진통제 같은 안전상비 의약품은 이제 편의점에서도 손쉽게 접할 수 있습니다. 끊임없이 연구·개발되는 이러한 약들은 인간이 복용했을 때 부작용이 있지는 않은지 수차례의 검토와 재검토를 거칩니다. 동물실험도 그 과정에 포함되지요.

그렇다면 동물실험을 통해 안전성이 검증되었다면 인간에게도 무조건 안전한 걸까요? 꼭 그런 것만은 아닙니다. 탈리도마이드라는 입덧 치료제는 동물실험에서 아무런 부작용이 없었지만, 그 약을 복용한 임신부들은 선천성 기형아를 낳는 심각한 부작용을 겪었어요. 또, 클리오퀴놀이라는 지사제를 복용한 약 만 명의 사람들이 눈에 마비가 오거나 시력을 잃기도 했고요. FDA에서는 동물실험에서 성공한 약물의 90%가 임상시험에서 낮은 효과를 나타냈다고 보고하고 있답니다. 다시 말해, 동물실험의 성공이 실제 성공으로 이어진다는 보장도 없다는 거죠.

물론 인공장기를 활용한 연구도 진행되고 있긴 하지만,

많은 실험으로 통계를 내야 하는 이러한 실험에서 인공장기 메커니즘이 쥐와 같은 실험동물을 대체하기에는 경제적인 어려움이 따릅니다. 동물실험을 포기하는 것은 인간이 여러 질환과의 전쟁에서 포기하기를 선언하는 것과 같다는 생각도 들고요. 참 어려운 딜레마이지요.

  동물실험은 분명 동물들에게 고통을 주지만, 우리가 지금 당장 동물실험을 중단할 수도 없는 노릇입니다. 그렇기에 더욱 우리가 사용하는 제품이 어떤 과정을 거쳐 완성되었는지 알고 책임감을 느껴야 하지요. 동물실험의 피해를 줄이기 위해 우리는 동물실험이 필요한 약물을 남용하지 않고, 화장품을 과도하게 사용하지 않는 습관을 들여야 합니다. 그다음으로는 동물실험을 거치지 않고 보다 윤리적인 테스트를 거친 제품을 적극적으로 선택하는 것이 중요합니다. 소비자들이 이러한 제품을 선호한다면, 기업들도 점차 동물실험을 통해 제품을 생산하는 일을 줄이게 될 테니까요. 이런 자세와 생각을 갖추는 것이 바로 인간이 동물실험에 희생된 동물들에게 가져야 할 최소한의 책임 아닐까요?

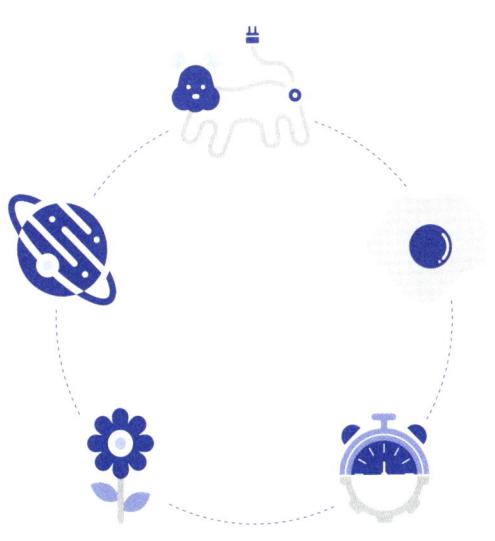

이런 과학 수업은 처음이야

그림책과 함께하는 주제별 과학 활동

1판 1쇄 발행 2025년 5월 23일

지은이	최정아, 이상준
펴낸이	한기호
책임편집	이선진
편집	서정원, 박예슬, 송원빈
본부장	여문주
마케팅	윤병일, 신세빈
경영지원	김윤아
디자인	VUE
인쇄	예림인쇄

펴낸곳   (주)학교도서관저널
출판등록 제2009-000231호(2009년 10월 15일)
주소 | 04029 서울시 마포구 동교로 12안길 14(서교동) 삼성빌딩 A동 3층
전화 | 02-322-9677
팩스 | 02-6918-0818
전자우편 | slj9677@gmail.com
홈페이지 | www.slj.co.kr

ISBN 978-89-6915-184-1 03370

ⓒ 최정아, 이상준 2025

- 이 책은 저작권법에 따라 보호를 받는 저작물이므로 무단 전재와 무단 복제를 금합니다.
- 책값은 뒤표지에 있습니다.